키 초등 국어 맞춤법

1권 OX편
**틀린 말
고쳐 쓰기**

맞춤법은
왜 공부해야 할까요?

'쓰기'가 중요한 시대입니다.
학교 시험에서도, 입시와 취업에서도
글쓰기는 필수적인 과정이 되어가고 있습니다.
하지만 내 생각이나 경험을 잘 표현할 수 있더라도,
기본적인 맞춤법을 지키지 못하면 어떨까요?
맞춤법이 틀린 글은 내용이 좋더라도
글의 전체적인 신뢰도와 완성도를 떨어뜨립니다.
맞춤법은 쓰기의 아주 기초적인 부분이기 때문입니다.

요즘에는 온라인에서 편의상 일부러 소리 나는 대로 글을 적거나,
줄임 말을 사용하는 빈도가 높습니다.
재미를 위해 일부러 이와 같은 표현을 사용할 수도 있지만,
무엇이 맞고 무엇이 틀린지 정확히 알고 사용하지 않으면
바른 글을 써야 할 때에도 틀린 표기를 사용하기 쉽습니다.

맞춤법은 글의 첫인상을 좌우합니다.
정확한 맞춤법으로 서술형 답안, 쓰기 과제,
다양한 글쓰기 활동 등에서 좋은 첫인상을 남기세요.
보다 정확한 글쓰기로 글의 신뢰도와 완성도를 높일 수 있습니다.

맞춤법을 정확히 알고 사용하는 것, 올바른 언어생활의 첫걸음입니다.

키 초등 국어 맞춤법으로
공부해야 하는 이유는 무엇일까요?

● **초등학생부터 어른까지 함께!**

맞춤법은 흔히 초등 저학년 때 공부하고 난 뒤 따로 학습하지 않는
경우가 많습니다. 하지만 초등 저학년뿐 아니라 성인들도
자주 틀리는 것이 바로 맞춤법입니다.

이 책은 초등학생부터 부모님까지 함께 보며,
틀리기 쉬운 맞춤법을 쉽고 재미있게 익힐 수 있도록 구성되었습니다.

● **기억에 남는 퀴즈로 재미있게!**

첫 단계부터 학습자가 직접 학습 활동에 참여하도록 구성하였습니다.
내가 맞춤법을 잘 알고 있는지 파악하기 위해 먼저 퀴즈를 푼 다음,
무엇이 맞고 틀린지 확인해 보면, 주입식으로 개념을 받아들이는 것보다
훨씬 기억에 남는 학습이 될 수 있습니다.
더불어 퀴즈에 도전하는 재미 또한 느낄 수 있습니다.

● **학습 단어는 이렇게 선정했어요!**

맞춤법을 틀리기 쉬운 말들, 특히 국립국어원의 <온라인가나다>에서
사람들이 많이 찾아본 단어들을 바탕으로 선정하였습니다.

또한 초등학생이 교과서는 물론, 실생활에서도
많이 접할 수 있는 단어들을 선별하였습니다.

〈키 초등 국어 맞춤법〉, 이렇게 활용하세요!

① OX 퀴즈를 풀어요!

맞춤법 퀴즈를 풀어 보며,
내가 맞춤법을 제대로
알고 있는지 파악해요.

② 힌트를 확인해요!

답이 헷갈릴 때에는
힌트를 읽어 보면
정답을 유추할 수 있어요.

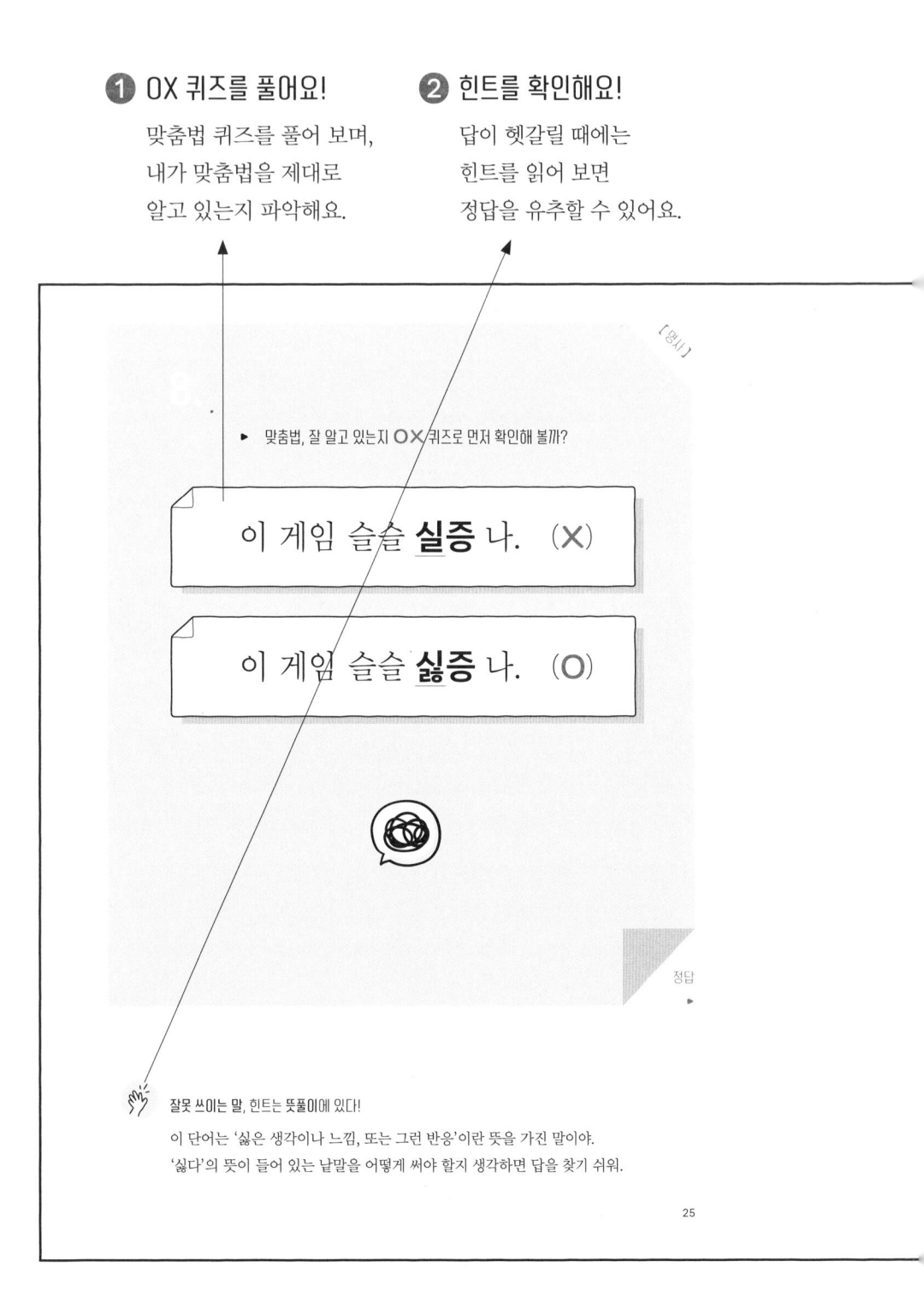

[명사]

▶ 맞춤법, 잘 알고 있는지 O X 퀴즈로 먼저 확인해 볼까?

이 게임 슬슬 **실증** 나. (X)

이 게임 슬슬 **싫증** 나. (O)

정답
▶

잘못 쓰이는 말, 힌트는 뜻풀이에 있다!

이 단어는 '싫은 생각이나 느낌, 또는 그런 반응'이란 뜻을 가진 말이야.
'싫다'의 뜻이 들어 있는 낱말을 어떻게 써야 할지 생각하면 답을 찾기 쉬워.

25

★ ②, ③의 힌트와 해설은 초등 고학년 수준으로, 저학년은 참고용으로 읽어 보거나 선생님의 도움을 받는 것이 좋아요.
★ 학습 단어는 모두 품사에 따라 분류되었어요. ★ 뜻풀이는 모두 〈표준국어대사전〉을 참고하였어요.

❸ 왜 정답인지 알아봐요!

답을 확인했으면,
해설을 읽으며 그것이 왜 정답인지
분명하게 파악해요.

❹ 문제로 확실하게 다져요!

간단한 문제도 풀고,
단어를 직접 바르게 써 보며
맞춤법을 익혀요.

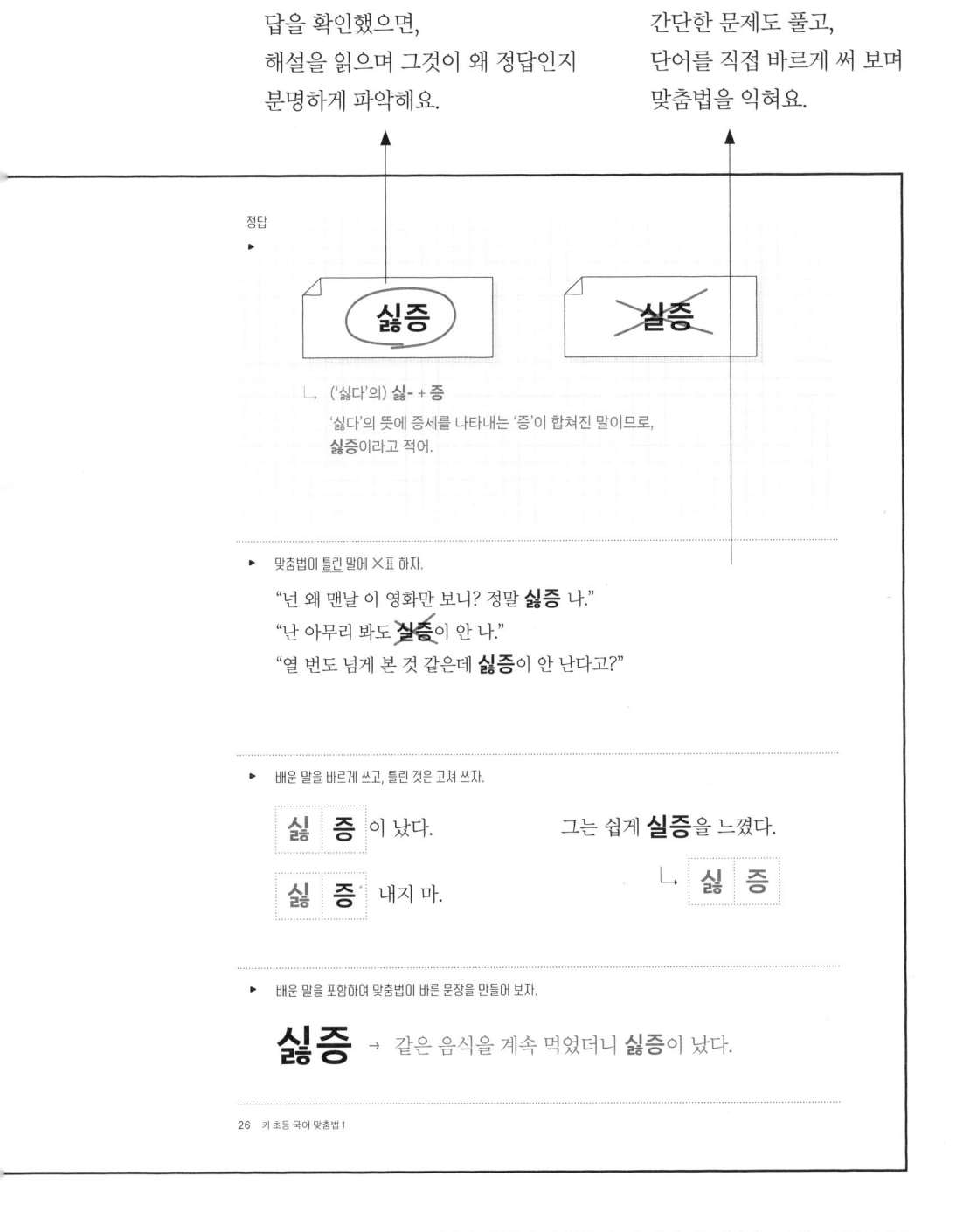

정답

⌐ ('싫다'의) 싫- + 증
'싫다'의 뜻에 증세를 나타내는 '증'이 합쳐진 말이므로,
싫증이라고 적어.

▶ 맞춤법이 틀린 말에 ×표 하자.

"넌 왜 맨날 이 영화만 보니? 정말 **싫증** 나."
"난 아무리 봐도 **싫증**이 안 나."
"열 번도 넘게 본 것 같은데 **싫증**이 안 난다고?"

▶ 배운 말을 바르게 쓰고, 틀린 것은 고쳐 쓰자.

| 싫 | 증 | 이 났다.   그는 쉽게 **실증**을 느꼈다.

| 싫 | 증 | 내지 마.   ⌐ | 싫 | 증 |

▶ 배운 말을 포함하여 맞춤법이 바른 문장을 만들어 보자.

싫증 → 같은 음식을 계속 먹었더니 싫증이 났다.

✱ 10개 단원을 끝낼 때마다 〈맞춤법 확인하기〉를 통해 내가 잘 기억하고 있는지 확인해요.
혹시 문제를 틀렸다면, 틀린 단어가 있는 페이지로 돌아가 내용을 복습해요.

차례

1~40. 명사

41~80. 동사 / 형용사 / 부사

음식

시럽, 시몰, 향유 등
대유리 이들이 그려내는 몸

40

~

▶ 맞춤법, 잘 알고 있는지 O× 퀴즈로 먼저 확인해 볼까?

우유갑을 재활용하자. ( )

우유곽을 재활용하자. ( )

정답
▶

 잘못 쓰이는 말, 낱말의 짜임을 알면 보인다!

'갑'은 '물건을 담는 작은 상자'라는 뜻을 가진 말이야.

'성냥갑', '갑 티슈' 등의 표현에도 '갑'이 사용되고 있지?

이 말들이 성냥, 티슈를 담는 작은 상자를 가리키기 때문이야.

▶

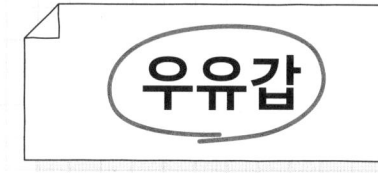 

┗, **갑**은 '물건을 담는 작은 상자'를 뜻하므로,
우유갑이라고 적어야 해.
곽은 **갑**을 잘못 쓴 말이야.

▶ 맞춤법이 틀린 말에 ✕표 하자.

우유갑을 버릴 때에는 물로 깨끗이 씻어서 버려야 합니다. **우유곽**에 우유가 남아 있으면 냄새가 나기 쉽고, **우유곽**을 재활용하기에도 좋지 않습니다. **우유갑**은 모두 깨끗하게 씻은 다음, 재활용 쓰레기통에 모아서 버립시다.

▶ 배운 말을 바르게 쓰고, 틀린 것은 고쳐 쓰자.

우	유		쓰레기

우	유		모으기

우유곽을 휴지와 교환했다.

┗,

▶ 배운 말을 포함하여 맞춤법이 바른 문장을 만들어 보자.

우유갑 →

2.

▶ 맞춤법, 잘 알고 있는지 ○✕ 퀴즈로 먼저 확인해 볼까?

된장**찌개** 하나 주세요. ( )

된장**찌게** 하나 주세요. ( )

정답
▶

 잘못 쓰이는 말, 한글 맞춤법 규정에 따라 기억하자!

어떤 낱말이 비슷한 발음으로 몇 가지 형태가 쓰이고 있고, 그 의미에 아무런 차이가 없을 경우, 그중 일반적으로 더 널리 쓰이고 있는 하나의 형태만을 표준어로 삼고 있어.

 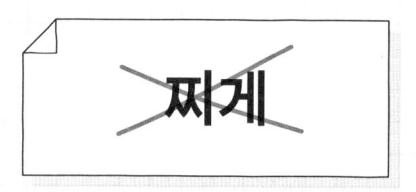

ㄴ, 같은 의미로 비슷한 발음의 여러 가지 말이 쓰일 경우,
'**찌개**'처럼 일반적으로 더 널리 쓰이는 말을
표준어로 삼아.

▶ 맞춤법이 틀린 말에 ✕표 하자.

우리나라 사람들은 **찌게**를 무척 좋아합니다. 밥에 짭조름한 **찌게**를 곁들이면 맛있는 식사를 할 수 있기 때문입니다. 김치**찌개**, 된장**찌개**, 순두부**찌게** 등 종류도 매우 다양합니다. 여러분은 어떤 **찌개**를 가장 좋아하나요?

▶ 배운 말을 바르게 쓰고, 틀린 것은 고쳐 쓰자.

찌⬚ 가 맵다.

찌⬚ 가 끓다.

찌게가 맛있어 보인다.

ㄴ, ⬚⬚

▶ 배운 말을 포함하여 맞춤법이 바른 문장을 만들어 보자.

찌개 →

▶ 맞춤법, 잘 알고 있는지 ○✕ 퀴즈로 먼저 확인해 볼까?

> 오늘이 **며칠**이더라?　　（　）

> 오늘이 **몇일**이더라?　　（　）

정답
▶

 발음 때문에 헷갈리는 말, 어원을 알면 보인다!

어원이 불분명한 말은 원형을 밝히어 적지 않고, 소리 나는 대로 적어야 해.

만약 이 단어가 어원이 불분명하지 않고 '몇'과 '일'이 합쳐진 말이라면, 'ㅊ'은 받침일 때 [ㄷ]으로 발음되므로 '몇 월[며 뒬]'과 같이 [며딜] 등으로 발음되어야 하지.

하지만 이 말은 [며칠]로 발음돼.

 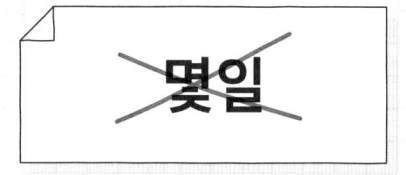

└, **며칠**은 어원이 불분명한 말이므로,
소리 나는 대로 표기해야 해.

만약 이 말이 '몇'과 '일'이 합쳐진 말이라면,
[며칠]이 아니라 [며딜] 등으로 발음되어야 하지.

▶ 맞춤법이 틀린 말에 ✕표 하자.

"졸업식이 몇 월 **며칠**이야?"

"**몇일**인지 잘 모르겠어."

"네 졸업식이 **며칠**인지 모르면 어떻게 하니?"

▶ 배운 말을 바르게 쓰고, 틀린 것은 고쳐 쓰자.

		동안

몇일 있으면 내 생일이야.

		뒤에 봐.

└, | | |
|---|---|

▶ 배운 말을 포함하여 맞춤법이 바른 문장을 만들어 보자.

며칠 →

4.

▶ 맞춤법, 잘 알고 있는지 ○✕ 퀴즈로 먼저 확인해 볼까?

베개가 폭신폭신하네. (　)

베게가 폭신폭신하네. (　)

정답

▶

 발음 때문에 헷갈리는 말, 낱말의 짜임을 알면 보인다!

이 단어는 '베다'의 옛말인 '볘다'에, 명사를 만들어 주는 말인 '-개'가 붙어 만들어졌어.

비슷한 경우로 '지우다'에 '-개'가 붙어 만들어진 '지우개'가 있지.

'볘다'는 현대에 이르러 '베다'로 바뀌었어.

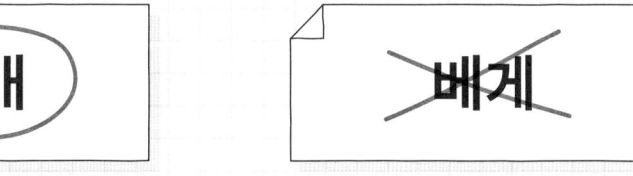

└ ('베다'의) **베-** + **-개**

'**-개**'는 '그러한 행위를 하는 간단한 도구'의 뜻을 더하며,
명사를 만들어 주는 말이야.

▶ 맞춤법이 <u>틀린</u> 말에 ✕표 하자.

베개는 수면에 중요한 역할을 한다. **베게**의 높이가 너무 높으면 목이
뻐근해져 수면에 방해가 될 수 있다. 또한 **베게**가 너무 낮은 경우에도
목에 무리가 갈 수 있으므로, 자신에게 맞는 높이의 **베개**를 찾는 것이
좋다.

▶ 배운 말을 바르게 쓰고, 틀린 것은 고쳐 쓰자.

베〔　〕를 베다.

눈물로 **베게**를 적시었다.

베〔　〕를 놓다.

└ 〔　　〕

▶ 배운 말을 포함하여 맞춤법이 바른 문장을 만들어 보자.

베개 →

5.

▶ 맞춤법, 잘 알고 있는지 ○✕ 퀴즈로 먼저 확인해 볼까?

설거지 좀 해야겠다. ( )

설겆이 좀 해야겠다. ( )

정답

▶

 발음 때문에 헷갈리는 말, 어원을 알면 보인다!

옛 우리말에는 '설겆다'라는 말이 있었는데, 이 말이 '설겆다'를 활용한 말인지는 확실하지 않아. '설겆다'는 더 이상 사용되지 않는 옛말이기도 하지.

└ **설겆이**는 **설거지**를 잘못 쓴 말이야.

'설겆다'는 더 이상 쓰이지 않는 옛말인데다,
설거지의 어원이 '설겆다'를 활용한 것인지는
불확실하므로 **설거지**라고 써.

▶ 맞춤법이 <u>틀린</u> 말에 ✕표 하자.

설거지를 할 때에는 주의할 점이 있다. 먼저, **설겆이**하기 전 밥그릇은 꼭 물에 담가 두어야 하고, 기름이 묻은 접시는 따로 두어야 한다. 이렇게 하지 않으면 그릇에 밥풀이 눌어붙거나, 다른 그릇에 기름이 묻어 **설겆이**가 까다로워질 수 있다.

▶ 배운 말을 바르게 쓰고, 틀린 것은 고쳐 쓰자.

설 ☐ ☐ 했니?

설 ☐ ☐ 소리

설겆이할 그릇이 많다.

└ ☐ ☐ ☐

▶ 배운 말을 포함하여 맞춤법이 바른 문장을 만들어 보자.

설거지 →

6.

▶ 맞춤법, 잘 알고 있는지 ○✕ 퀴즈로 먼저 확인해 볼까?

> 짜장면 **곱<u>배</u>기** 주세요. ( )

> 짜장면 **곱<u>빼</u>기** 주세요. ( )

정답
▶

 발음 때문에 헷갈리는 말, 어법을 알면 보인다!

이 단어는 '두 번 합한 만큼'을 뜻하는 '곱'에, '그런 특성이 있는 사람이나 물건'의 뜻을 더하는 말인 '-배기/빼기'가 합쳐진 말이야.

이처럼 다른 형태소(뜻이 있는 말의 가장 작은 단위) 뒤에 '-배기/빼기'가 합쳐진 말은, 뒷말이 [빼기]로 발음될 때 발음 그대로 '빼기'로 적어.

정답

▶

    ↳ **곱 + -빼기**

이처럼 '-배기/빼기'를 합해서 만든 낱말 중,
뜻이 있는 더 작은 부분으로 나눌 수 있는 말은,
뒷말이 [빼기]로 발음될 때 그대로 '빼기'로 적어.

▶ 맞춤법이 <u>틀린</u> 말에 ✕표 하자.

"한 그릇으론 모자라. **곱배기**로 시키자."

"**곱빼기**는 너무 많은 거 아냐?"

"무슨 소리야? 짜장면은 무조건 **곱배기**지."

▶ 배운 말을 바르게 쓰고, 틀린 것은 고쳐 쓰자.

냉면   **곱** ☐ **기**   국수는 **곱배기**로 주문하자.

짬뽕   **곱** ☐ **기**   ↳ ☐ ☐ ☐

▶ 배운 말을 포함하여 맞춤법이 바른 문장을 만들어 보자.

곱빼기 →

7.

▶ 맞춤법, 잘 알고 있는지 O X 퀴즈로 먼저 확인해 볼까?

이 가방은 내 **거**야.　　( )

이 가방은 내 **꺼**야.　　( )

정답
▶

 잘못 쓰이는 말, 본말을 알면 보인다!

이 단어는 '것'을 구어(일상적인 대화에서 쓰는 말)적으로 이르는 말이야.

'것'에서 나온 말임을 기억하면 답을 찾기 쉬워.

▶

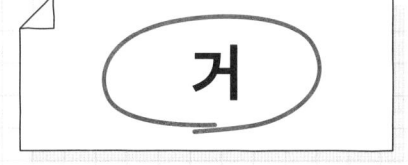 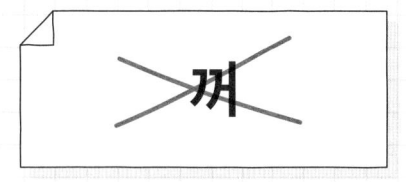

└ '**거**'는 '**것**'의 구어적 표현이야.

　'**것**'에서 나온 표현이므로 '거'라고 적어야 해.

▶　맞춤법이 <u>틀린</u> 말에 ×표 하자.

"이 과자는 네 **꺼**야. 내가 챙겨 놓았어."

"고마워. 내 **거**는 안 남았을 줄 알았는데."

"에이, 당연하지. 저번엔 네가 내 **꺼** 챙겨 줬잖아."

▶　배운 말을 바르게 쓰고, 틀린 것은 고쳐 쓰자.

이거 누구 [　] 니?　　　　내 **꺼** 함부로 건들지 마.

내 동생 [　] 야.　　　　　　└ [　]

▶　배운 말을 포함하여 맞춤법이 바른 문장을 만들어 보자.

거 →

8.

▶ 맞춤법, 잘 알고 있는지 O✕ 퀴즈로 먼저 확인해 볼까?

이 게임 슬슬 **실증** 나. ( )

이 게임 슬슬 **싫증** 나. ( )

정답
▶

잘못 쓰이는 말, 힌트는 뜻풀이에 있다!

이 단어는 '싫은 생각이나 느낌, 또는 그런 반응'이란 뜻을 가진 말이야.
'싫다'의 뜻이 들어 있는 낱말을 어떻게 써야 할지 생각하면 답을 찾기 쉬워.

정답

▶

└, ('싫다'의) **싫-** + **증**

'싫다'의 뜻에 증세를 나타내는 '증'이 합쳐진 말이므로,
싫증이라고 적어.

▶ 맞춤법이 틀린 말에 ✕표 하자.

"넌 왜 맨날 이 영화만 보니? 정말 **싫증** 나."

"난 아무리 봐도 **실증**이 안 나."

"열 번도 넘게 본 것 같은데 **싫증**이 안 난다고?"

▶ 배운 말을 바르게 쓰고, 틀린 것은 고쳐 쓰자.

[　　] **증** 이 났다.　　　　그는 쉽게 **실증**을 느꼈다.

[　　] **증** 내지 마.　　　　　└, [　　　]

▶ 배운 말을 포함하여 맞춤법이 바른 문장을 만들어 보자.

싫증 →

9.

▶ 맞춤법, 잘 알고 있는지 OⅩ 퀴즈로 먼저 확인해 볼까?

아, **주꾸미** 먹고 싶다. (   )

아, **쭈꾸미** 먹고 싶다. (   )

정답
▶

 잘못 쓰이는 말, 표준 발음을 알면 보인다!

이 단어의 표준 발음은 [쭈꾸미]가 아니라 [주꾸미]야.

[쭈꾸미]와 같이 잘못 발음하는 경우가 있지만, [주꾸미]가 맞는 발음이지.

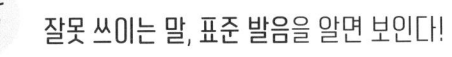

27

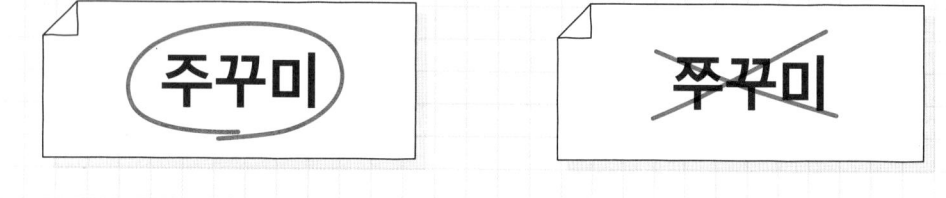

└ 이 말은 [주꾸미]로 발음하고 **주꾸미**라고 적어.

[쭈꾸미]로 발음하고 **쭈꾸미**로 적는 것은
잘못된 표현이야.

▶ 맞춤법이 틀린 말에 ✕표 하자.

저희 가게의 '직화 **쭈꾸미**볶음'에는 시판 소스가 아닌 직접 만든 특제
양념이 사용됩니다. 불에 직접 가열한 **쭈꾸미**에 어우러지는 양념 맛을
느껴 보세요! 삼겹살과 함께 구운 '직화 **주꾸미**와 삼겹살 세트'도 인기
메뉴입니다.

▶ 배운 말을 바르게 쓰고, 틀린 것은 고쳐 쓰자.

| | 꾸 | 미 | 요리 |

| | 꾸 | 미 | 낚시 |

쭈꾸미볶음밥 해 먹을까?

└

▶ 배운 말을 포함하여 맞춤법이 바른 문장을 만들어 보자.

주꾸미 →

12.

▶ 맞춤법, 잘 알고 있는지 O✕ 퀴즈로 먼저 확인해 볼까?

자꾸 **트름**이 날 것 같아. ( )

자꾸 **트림**이 날 것 같아. ( )

정답

▶

잘못 쓰이는 말, 한글 맞춤법 규정에 따라 기억하자!

어떤 낱말이 비슷한 발음으로 몇 가지 형태가 쓰이고 있고, 그 의미에 아무런 차이가 없을 경우, 그중 일반적으로 더 널리 쓰이고 있는 하나의 형태만을 표준어로 삼고 있어.

29

▶

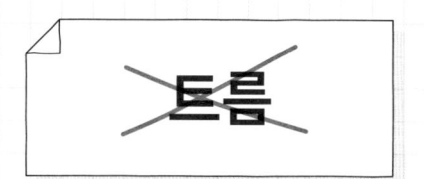

└, 같은 의미로 비슷한 발음의 여러 가지 말이 쓰일 경우,
'**트림**'처럼 일반적으로 더 널리 쓰이는 말을
표준어로 삼아.

▶ 맞춤법이 틀린 말에 ✕표 하자.

아기에게는 식사 후 **트림**을 시켜야 한다. 아기는 아직 소화 기관이 충분히 성장하지 않아, **트름**을 하지 않으면 먹은 것이 역류하여 토를 하거나 배앓이를 할 수 있다. 따라서 밥을 먹은 뒤 **트름**을 할 수 있도록 도와야 한다.

▶ 배운 말을 바르게 쓰고, 틀린 것은 고쳐 쓰자.

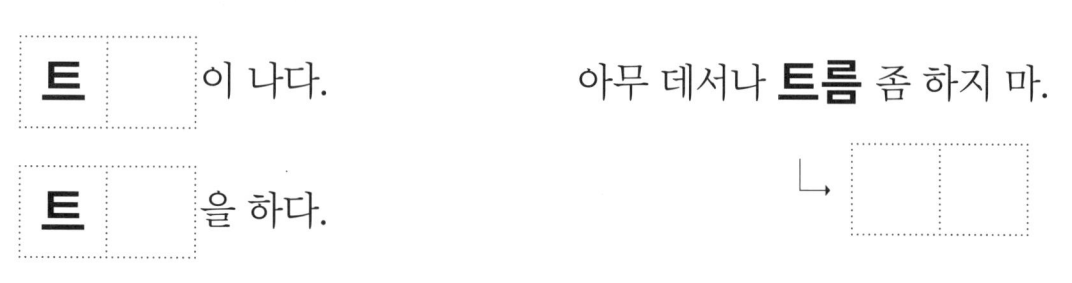

| **트** | | 이 나다. | | 아무 데서나 **트름** 좀 하지 마. |
| **트** | | 을 하다. | | └ |

▶ 배운 말을 포함하여 맞춤법이 바른 문장을 만들어 보자.

트림 →

▶ 바르게 쓰인 말에 ◯표 하자.

01
된장 **찌개** / **찌게** 하나 주세요.

02
설거지 / **설겆이** 좀 해야겠다.

03
짜장면 **곱배기** / **곱빼기** 주세요.

04
자꾸 **트름** / **트림** 이 날 것 같아.

05
우유갑 / **우유곽** 을 재활용하자.

06
이 게임 슬슬 **실증** / **싫증** 나.

07
베개 / **베게** 가 폭신폭신하네.

08
아, **주꾸미** / **쭈꾸미** 먹고 싶다.

09
이 가방은 내 **거** / **꺼** 야.

10
오늘이 **며칠** / **몇일** 이더라?

▶ 다음 밑줄 친 말은 틀린 표현이다. 바르게 고쳐 쓰자.　　　1 ~ 10

01　아무 데서나 **트름**을 하는 건 예의 없는 행동이다.
→

02　아무리 재미있는 게임도 오래 하면 **실증**이 난다.
→

03　유정아, 혹시 저 초록색 우산 네 **꺼**야?
→

04　월드컵 결승전이 몇 월 **몇일**이더라?
→

05　은상이는 해산물 중에 **쭈꾸미**를 가장 좋아한다.
→

06　**우유곽**은 깨끗하게 씻은 다음 버려야 한다.
→

07　사람은 네 명인데 **베게**가 하나 모자라.
→

08　국수를 **곱배기**로 시켰더니 많이 남았네.
→

09　다 먹었으면 **설겆이**는 바로바로 해라.
→

10　부엌에서 보글보글 **찌게** 끓는 소리가 난다.
→

11.

▶ 맞춤법, 잘 알고 있는지 O✕ 퀴즈로 먼저 확인해 볼까?

과자 **개수**는 세 개야!　( )

과자 **갯수**는 세 개야!　( )

정답
▶

 사이시옷 규정을 알면 정답이 보인다!

이 단어는 한자어인데, 한자어끼리 합쳐진 합성이인 경우에는 사이시옷(한글 맞춤법에서, 사잇소리 현상이 나타났을 때 쓰는 'ㅅ'의 이름)을 받치어 적지 않아. 단, 예외적으로 '곳간[庫間], 셋방[貰房], 숫자[數字], 찻간[車間], 툇간[退間], 횟수[回數]'에는 사이시옷을 적어.

정답

▶

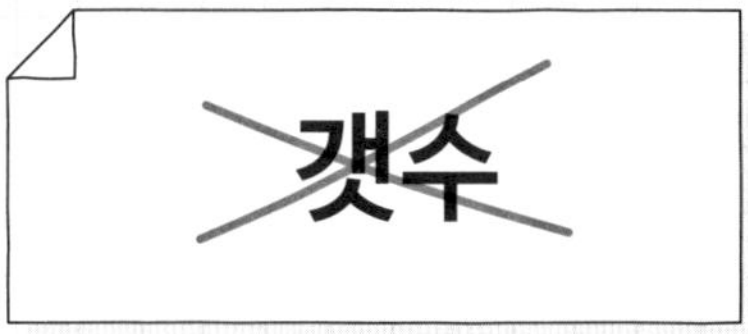

↳ **개수**[個數]는 한자어야.

한자어끼리 합쳐진 말은 [개쑤]와 같이
뒷말의 첫소리가 된소리로 나더라도
사이시옷을 받치어 적지 않아.

▶ 맞춤법이 틀린 말에 ✕표 하자.

"사과의 **개수**는 총 몇 개인가요?"

"8개입니다. 배의 **갯수**는 어떻게 되죠?"

"사과의 **개수**와 똑같습니다."

▶ 배운 말을 바르게 쓰고, 틀린 것은 고쳐 쓰자.

총 [ ][수]

달걀의 [ ][수]

별의 **갯수**가 많지 않다.

↳ [ ][ ]

▶ 배운 말을 포함하여 맞춤법이 바른 문장을 만들어 보자.

개수 →

12.

▶ 맞춤법, 잘 알고 있는지 ○✕ 퀴즈로 먼저 확인해 볼까?

눈곱 좀 떼고 다녀.　　( )

눈꼽 좀 떼고 다녀.　　( )

정답
▶

 발음 때문에 헷갈리는 말, 낱말의 짜임을 알면 보인다!

'곱'은 그 자체로 '눈에서 나오는 진득진득한 액, 또는 그것이 말라붙은 것'이라는 뜻을 가진 말이야. 따라서 '눈에 곱이 끼었다'와 같이 활용될 수도 있지.

정답

 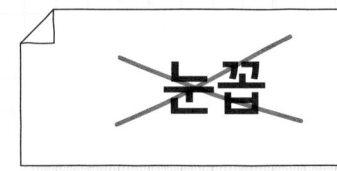

└ **눈 + 곱**

곱은 그 자체로 '눈에서 나오는 진득진득한 액,
또는 그것이 말라붙은 것'이란 뜻이 있어.
[눈꼽]으로 발음되기 때문에 헷갈릴 수 있지만,
말의 원형을 살려 **눈곱**으로 적어야 해.

▶ 맞춤법이 틀린 말에 ×표 하자.

"야, 너 세수하면서 **눈꼽** 좀 떼야겠다."

"어, 거울 봤을 때 **눈곱** 낀 건 못 봤는데."

"잘 봐. 오른쪽 눈에 **눈꼽**이 끼어 있어."

▶ 배운 말을 바르게 쓰고, 틀린 것은 고쳐 쓰자.

눈 [ ] 이 끼다.

눈 [ ] 을 닦다.

눈꼽만큼의 거짓도 없다.

└ [ ] [ ]

▶ 배운 말을 포함하여 맞춤법이 바른 문장을 만들어 보자.

눈곱 →

▶ 맞춤법, 잘 알고 있는지 OX 퀴즈로 먼저 확인해 볼까?

사고 **후유증**으로 아팠어. ( )

사고 **휴우증**으로 아팠어. ( )

정답 ▶

 잘못 쓰이는 말, 한자를 알면 보인다!

이 단어는 '어떤 병을 앓고 난 뒤에도 남아 있는 증상'이라는 뜻을 가진 말로,
'뒤 후[後]'와 '남길 유[遺]' 자가 쓰였어.

▶

└ **뒤 후**[後], **남길 유**[遺], **증세 증**[症]

따라서 **후유증**은 '병을 앓고 난 뒤에도 남아 있는 증상'
이란 뜻을 가진 말이 돼.

▶ 맞춤법이 <u>틀린</u> 말에 ✕표 하자.

휴가 뒤 일상에서 우울감과 피로를 심하게 느끼는 증상을 '휴가 **후유
증**'이라고 한다. 휴가 **휴우증**을 극복하려면 수면 패턴을 일정하게 유
지하고, 비타민을 충분히 섭취하는 것이 좋다. 적당한 운동도 **휴우증**
극복에 도움이 된다.

▶ 배운 말을 바르게 쓰고, 틀린 것은 고쳐 쓰자.

명절 ☐ ☐ **증**

과로 ☐ **증**

휴우증을 조심해야 한다.

└ ☐ ☐ ☐

▶ 배운 말을 포함하여 맞춤법이 바른 문장을 만들어 보자.

후유증 →

▶ 맞춤법, 잘 알고 있는지 O X 퀴즈로 먼저 확인해 볼까?

나는 **재작년**에 졸업했어. ( )

나는 **제작년**에 졸업했어. ( )

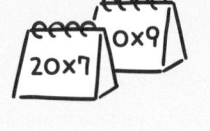

정답 ▶

 발음 때문에 헷갈리는 말, 한자를 알면 보인다!

이 단어는 '지난해의 바로 전 해'라는 뜻을 가진 말로,
'두 번, 재차, 거듭' 등의 뜻을 가진 '두 재[再]' 자가 '작년' 앞에 쓰였어.

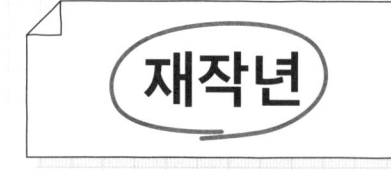 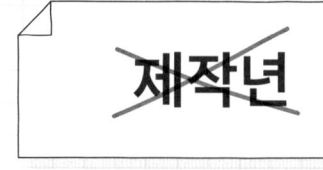

└ **두 재**[再], **어제 작**[昨], **해 년**[年]

작년이 두 번이라는 의미이므로,

재작년은 '지난해의 바로 전 해'란 뜻을 가진 말이 돼.

▶ 맞춤법이 <u>틀린</u> 말에 ✕표 하자.

"이때가 언제지? **제작년**에 찍은 사진인가?"

"**재작년**이 아니라 작년이야."

"아, 20XX년이니까 **제작년**이 아니구나."

▶ 배운 말을 바르게 쓰고, 틀린 것은 고쳐 쓰자.

| | 작 | 년 | 여름

그는 **제작년**에 결혼했다.

| | 작 | 년 | 9월

└

▶ 배운 말을 포함하여 맞춤법이 바른 문장을 만들어 보자.

재작년 →

15.

▶ 맞춤법, 잘 알고 있는지 ○✕ 퀴즈로 먼저 확인해 볼까?

저기 봐. **해**님이 떴어. （　）

저기 봐. **햇**님이 떴어. （　）

정답 ▶

 사이시옷 규정을 알면 정답이 보인다!

이 단어는 순우리말끼리 합쳐진 말이야. 순우리말이 포함된 합성어에서는, 뒷말의 첫소리 앞에서 소리가 덧나는 경우 사이시옷을 받치어 적어. 예를 들어 '노래'와 '말'이 합쳐지면 [노랜말]과 같이 'ㄴ' 소리가 덧나므로, '노랫말'이라고 적어야 해. 하지만 이 말의 표준 발음은 [핸님]이 아니라 [해님]이야.

▶

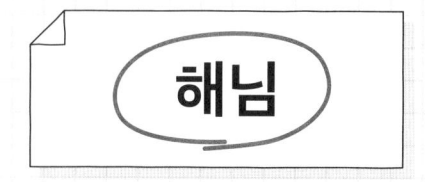 

└ 이 말의 표준 발음은 **[해님]**이야.

[핸님]은 틀린 발음이므로,
사이시옷을 받치어 적지 않아.

▶ 맞춤법이 <u>틀린</u> 말에 ✕표 하자.

어느 날 바람이 **해님**에게 자신의 힘이 더 세다며 자랑했어요. 그러자 **해님**은 힘겨루기를 제안했지요. 지나가는 나그네의 외투를 먼저 벗기는 쪽이 이기는 싸움이었어요. 바람은 **햇님**의 제안에 고개를 끄덕였어요.

▶ 배운 말을 바르게 쓰고, 틀린 것은 고쳐 쓰자.

☐ **님** 달님

☐ **님** 이 지다.

햇님이 구름 뒤에 숨었어요.

└ ☐ ☐

▶ 배운 말을 포함하여 맞춤법이 바른 문장을 만들어 보자.

해 님 →

16.

▶ 맞춤법, 잘 알고 있는지 ○✕ 퀴즈로 먼저 확인해 볼까?

국기 **개양**법을 알려 줄게.   ( )

국기 **계양**법을 알려 줄게.   ( )

정답
▶

 발음 때문에 헷갈리는 말, 한자를 알면 보인다!

이 단어는 '깃발 따위를 높이 걸다'라는 뜻을 가진 말로,
'높이 들다, 걸다' 등의 뜻을 가진 '높이 들 게[揭]' 자가 쓰였어.

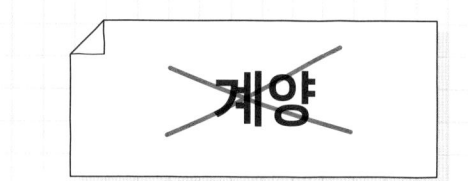

└ **높이 들 게**[揭], **오를 양**[揚]

따라서 **게양**은 '깃발 따위를 높이 걸다'란
뜻을 가진 말이 돼.

▶ 맞춤법이 <u>틀린</u> 말에 ✕표 하자.

태극기를 **계양**하는 방법은 그날이 어떤 날인지에 따라 달라진다. 경축일이나 평일에는 깃대의 맨 위에 깃발을 높게 **계양**하지만, 현충일 등 조의를 표하는 날에는 태극기의 세로 길이만큼 깃발을 깃봉에서 내려 **계양**한다.

▶ 배운 말을 바르게 쓰고, 틀린 것은 고쳐 쓰자.

국기 ⬚ **양** 일

국기 ⬚ **양** 대

만국기가 **계양**되어 있다.

└ ⬚ ⬚

▶ 배운 말을 포함하여 맞춤법이 바른 문장을 만들어 보자.

게양 →

17.

▶ 맞춤법, 잘 알고 있는지 O X 퀴즈로 먼저 확인해 볼까?

사탕이 한 **움큼** 남았어. ( )

사탕이 한 **웅큼** 남았어. ( )

정답 ▶

 잘못 쓰이는 말, 한글 맞춤법 규정에 따라 기억하자!

어떤 낱말이 비슷한 발음으로 몇 가지 형태가 쓰이고 있고, 그 의미에 아무런 차이가 없을 경우, 그중 일반적으로 더 널리 쓰이고 있는 하나의 형태만을 표준어로 삼고 있어.

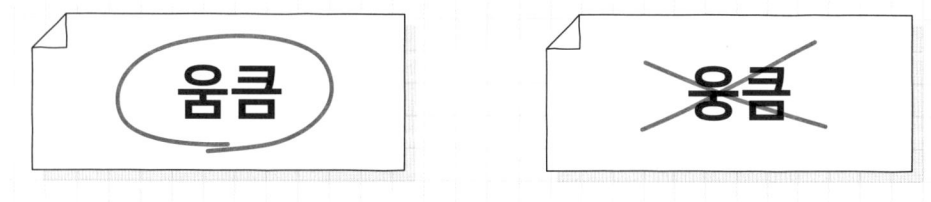

└→ 같은 의미로 비슷한 발음의 여러 가지 말이 쓰일 경우,
'**움큼**'처럼 일반적으로 더 널리 쓰이는 말을
표준어로 삼아.

▶ 맞춤법이 <u>틀린</u> 말에 ✕표 하자.

"욕실에 머리카락이 한 **움큼**이나 나왔어."

"에이, 한 **움큼**까진 아니다."

"이거 봐. 거의 한 **웅큼**이라고."

▶ 배운 말을 바르게 쓰고, 틀린 것은 고쳐 쓰자.

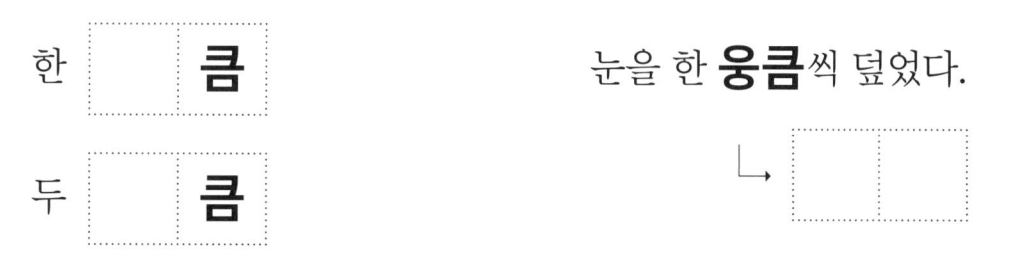

한 [ ] **큼**

두 [ ] **큼**

눈을 한 **웅큼**씩 덮었다.

└→ [ ] [ ]

▶ 배운 말을 포함하여 맞춤법이 바른 문장을 만들어 보자.

움큼 →

18.

▶ 맞춤법, 잘 알고 있는지 ○✕ 퀴즈로 먼저 확인해 볼까?

점심에 **닭개장** 만들까? ( )

점심에 **닭계장** 만들까? ( )

정답 ▶

 발음 때문에 헷갈리는 말, 어원을 알면 보인다!

이 단어는 닭을 넣어 요리한 국의 한 종류를 가리키는데,

이 국은 '개장국'에서 생겨난 음식이야.

▶

    ↳ **닭**을 넣어 끓인 **개장국**의 한 종류를 가리키는 말이므로,
      닭개장이라고 적어야 해.

▶ 맞춤법이 <u>틀린</u> 말에 ✕표 하자.

닭개장은 닭고기를 넣어 끓인 국의 한 종류이다. 육개장과 비슷해 보이지만, **닭계장**에는 소고기 대신 닭고기가 들어가기 때문에 국물 맛이 다르다. **닭개장**은 특유의 얼큰하고 시원한 맛 덕분에 보양식으로도 인기가 있다.

▶ 배운 말을 바르게 쓰고, 틀린 것은 고쳐 쓰자.

| 닭 | | 장 | 그릇 |

| 닭 | | 장 | 가게 |

닭계장이 아주 맛있네.

    ↳ [　][　][　]

▶ 배운 말을 포함하여 맞춤법이 바른 문장을 만들어 보자.

닭개장 →

19.

▶ 맞춤법, 잘 알고 있는지 ○✕ 퀴즈로 먼저 확인해 볼까?

주인공 **역할**을 맡았어. ( )

주인공 **역활**을 맡았어. ( )

정답
▶

 잘못 쓰이는 말, 한자를 알면 보인다!

이 단어는 '자기가 해야 할 맡은 바 직책이나 임무' 등의 뜻을 가진 말로, '부리다, 일하다' 등의 뜻을 가진 '부릴 역[役]'자와, '나누다, 베다' 등의 뜻을 가진 '나눌 할[割]' 자가 쓰였어.

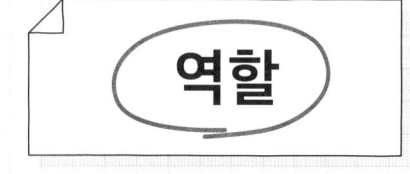 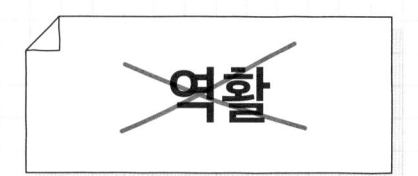

↳ **부릴 역**[役], **나눌 할**[割]

역[役]에는 '부리다, 일하다'의 뜻이 있고, 할[割]에는 '나누다, 베다'의 뜻이 있으므로, 두 말이 합쳐지면 '나누어서 일하다'라는 뜻이 되지. 따라서 **역할**은 '맡은 바 직책이나 임무' 등의 뜻을 가진 말이 돼.

▶ 맞춤법이 <u>틀린</u> 말에 ✕표 하자.

연극 〈베니스의 상인〉의 주인공 **역활**을 맡을 친구들을 공개합니다. 먼저 상인 안토니오 **역할**은 3반 김주영 학생, 고리대금업자 샤일록 **역할**은 1반 오지우 학생이 맡습니다. 또 재판관 포셔 **역할**은 5반 박수지 학생이 맡겠습니다.

▶ 배운 말을 바르게 쓰고, 틀린 것은 고쳐 쓰자.

맡은 **역**　　　각자 **역할**을 분담하자.

자신의 **역**　　　↳ ☐ ☐

▶ 배운 말을 포함하여 맞춤법이 바른 문장을 만들어 보자.

역할 →

20.

▶ 맞춤법, 잘 알고 있는지 ○✕ 퀴즈로 먼저 확인해 볼까?

어른께 **존대말**을 써야지. ( )

어른께 **존댓말**을 써야지. ( )

정답 ▶

사이시옷 규정을 알면 정답이 보인다!

이 단어는 한자어 '존대'와 순우리말 '말'이 합쳐진 말로, 표준 발음은 [존댄말]이야.
순우리말이 포함된 합성어에서는, 뒷말의 첫소리 'ㄴ, ㅁ' 앞에서 'ㄴ' 소리가 덧날 때 사이시옷을 받치어 적어.

정답

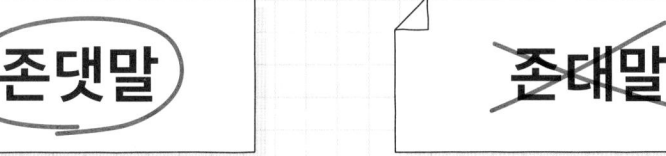

└ **순우리말이 포함된 합성어**에서, **뒷말의 첫소리
'ㄴ, ㅁ' 앞에 'ㄴ' 소리가 덧나면 사이시옷**을 받치어 적어.

[존댄말]은 뒷말 '말'의 첫소리 'ㅁ' 앞에서 'ㄴ' 소리가 덧나므로,
존댓말이라고 적어야 해.

▶ 맞춤법이 틀린 말에 ✕표 하자.

우리말은 **존댓말**이 발달했다. 예를 들어, "밥 먹었니?"를 **존대말**로 바꾸면 '밥'의 **존대말**인 '진지'를 써야 한다. 또 '먹었니'는 '먹다'의 **존댓말**인 '드시다'나 '잡수시다'를 활용해 '드셨나요/잡수셨나요' 등으로 바꾸어야 한다.

▶ 배운 말을 바르게 쓰고, 틀린 것은 고쳐 쓰자.

| 존 | | 말 | 쓰기 |

| 존 | | 말 | 사용 |

깍듯한 **존대말**을 쓰다.

└ ⬚ ⬚ ⬚

▶ 배운 말을 포함하여 맞춤법이 바른 문장을 만들어 보자.

존댓말 →

▶ 바르게 쓰인 말에 ○표 하자.

01 사탕이 한 **움큼** / **웅큼** 남았어.

02 **눈곱** / **눈꼽** 좀 떼고 다녀.

03 국기 **게양** / **계양** 법을 알려 줄게.

04 나는 **재작년** / **제작년** 에 졸업했어.

05 주인공 **역할** / **역활** 을 맡았어.

06 과자 **개수** / **갯수** 는 세 개야!

07 어른께 **존대말** / **존댓말** 을 써야지.

08 저기 봐. **해님** / **햇님** 이 떴어.

09 점심에 **닭개장** / **닭계장** 만들까?

10 사고 **후유증** / **휴우증** 으로 아팠어.

01   우리나라 말은 **존대말**이 발달한 언어이다.

→

02   은상이는 **제작년**부터 스케이트를 배웠다.

→

03   자, 다들 국기 **계양**대 앞에 나란히 서 보세요.

→

04   상자에 든 땅콩의 **갯수**는 총 몇 개입니까?

→

05   오늘은 함께 **닭계장**을 요리해 봅시다.

→

06   아침에 일어났더니 눈에 **눈꼽**이 잔뜩 끼었다.

→

07   태형이는 독감에 걸린 뒤 심한 **휴우증**을 앓았다.

→

08   지아가 모래 한 **웅큼**을 손에 꼭 쥐고 있었다.

→

09   각자 맡은 바 **역활**에 충실해 주시길 바랍니다.

→

10   동산 위로 **햇님**이 밝게 떠올랐습니다.

→

21.

▶ 맞춤법, 잘 알고 있는지 O✕ 퀴즈로 먼저 확인해 볼까?

뒤뜰에서 좀 쉴까?　　　( )

뒷뜰에서 좀 쉴까?　　　( )

정답 ▶

사이시옷 규정을 알면 정답이 보인다!

이 단어는 순우리말인 '뒤'와 '뜰'이 합쳐진 말이야.

이와 같은 순우리말 합성어에서, 뒷말의 첫소리가 본래부터 된소리나 거센소리일 때에는 사이시옷을 받치어 적지 않아.

▶

└→ 이 말과 같은 **순우리말 합성어**에서,
뒷말의 첫소리가 본래 된소리나 거센소리이면
사이시옷을 받치어 적지 않아.

'뒤뜰'은 뒷말 '뜰'의 첫소리가 본래 된소리 'ㄸ'이므로,
뒤뜰이라고 적어야 해.

▶ 맞춤법이 <u>틀린</u> 말에 ✕표 하자.

"너희 집 **뒷뜰** 참 멋지다. 우리 집 **뒷뜰**은 허전한데."
"지난봄 **뒤뜰**에 장미꽃을 심었거든."
"나도 우리 집 **뒷뜰**에 꽃을 좀 심어 볼까?"

▶ 배운 말을 바르게 쓰고, 틀린 것은 고쳐 쓰자.

학교 [   ] **뜰**

우리 집 [   ] **뜰**

뒷뜰의 잡초를 뽑아야겠어.

└→ [   ]

▶ 배운 말을 포함하여 맞춤법이 바른 문장을 만들어 보자.

뒤뜰 →

22.

▶ 맞춤법, 잘 알고 있는지 〇✕ 퀴즈로 먼저 확인해 볼까?

재떨이 필요하신가요? ( )

재털이 필요하신가요? ( )

정답
▶

 잘못 쓰이는 말, 힌트는 뜻풀이에 있다!

'떨다'는 '쳐서 떼어 낸다'는 뜻으로, 먼지, 재 등 떨어져 나가는 대상에 사용되는 말이야.
'털다'는 '흔들거나 치거나 해서 떼어 낸다'는 뜻으로, 옷이나 이불 등과 같이 먼지가 붙어 있는 대상에 사용되는 말이지.

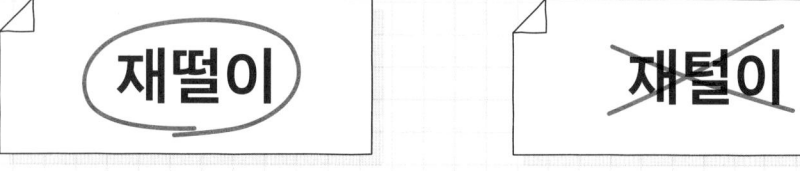

└, **'떨다'**는 '쳐서 떼어 낸다'는 뜻으로 떨어져 나가는 대상에
쓰이는 말이고, **'털다'**는 '흔들거나 쳐서 떼어 낸다'는
뜻으로 먼지 등이 붙어 있는 대상에 쓰이는 말이야.

재는 떨어져 나가는 대상이므로, **재떨이**로 적어야 해.

▶ 맞춤법이 <u>틀린</u> 말에 ✕표 하자.

아빠께서 분명히 금연 선언을 하셨는데, 오늘 보니 **재털이**에 꽁초가
버려져 있었다. 얼른 **재떨이** 사진을 찍어 보내 드렸더니 아빠는 금연
을 하기 전에 버린 것이라고 주장하셨다. **재털이**를 보니 그런 것 같지
않았지만, 이번만 믿어 드려야겠다.

▶ 배운 말을 바르게 쓰고, 틀린 것은 고쳐 쓰자.

나무 | 재 | | 이

유리 | 재 | 이

재털이를 비워야겠다.

└,

▶ 배운 말을 포함하여 맞춤법이 바른 문장을 만들어 보자.

재떨이 →

▶ 맞춤법, 잘 알고 있는지 ○✕ 퀴즈로 먼저 확인해 볼까?

우리 정말 **오<u>랜</u>만**이다!　（　）

우리 정말 **오<u>랫</u>만**이다!　（　）

정답
▶

 발음 때문에 헷갈리는 말, 본말을 알면 보인다!

이 단어는 '오래간만'이 줄어든 말이야.

무엇이 줄어든 말인지 생각하면 답을 찾기 쉬워.

└, **오래간만**이 줄어든 말이므로, '**오랜만**'으로 적어.

▶ 맞춤법이 <u>틀린</u> 말에 ✕표 하자.

"사촌을 아주 **오랜만**에 만났더니 무척 어색했어."

"얼마나 **오랫만**에 만났는데?"

"3년 만이야. 정말 **오랜만**이지?"

▶ 배운 말을 바르게 쓰고, 틀린 것은 고쳐 쓰자.

오 　 **만**에

오 　 **만**이야.

오랫만에 영화나 볼까?

└,

▶ 배운 말을 포함하여 맞춤법이 바른 문장을 만들어 보자.

오랜만 →

24.

▶ 맞춤법, 잘 알고 있는지 **O X** 퀴즈로 먼저 확인해 볼까?

아주 **개거품**을 물더라. ( )

아주 **게거품**을 물더라. ( )

정답
▶

 발음 때문에 헷갈리는 말, 힌트는 뜻풀이에 있다!

이 단어는 '사람이나 동물이 몹시 괴롭거나 흥분했을 때 나오는 거품 같은 침'이라는 뜻과, '게가 토하는 거품' 등의 뜻을 가지고 있어. 이 뜻풀이를 잘 기억해 두자.

└ **게 + 거품**

'게가 토하는 거품' 등의 뜻이 있는 말이므로,
게거품으로 적어야 해.

▶ 맞춤법이 <u>틀린</u> 말에 ✕표 하자.

'입에 **개거품**을 물다'라는 관용어가 있습니다. **개거품**은 사람이나 동물이 몹시 흥분했을 때 입에서 나오는 것으로, 몹시 흥분하여 떠들어대는 경우를 이를 때 사용합니다. '입에 **게거품**을 물고 싸우다' 등으로 활용할 수 있습니다.

▶ 배운 말을 바르게 쓰고, 틀린 것은 고쳐 쓰자.

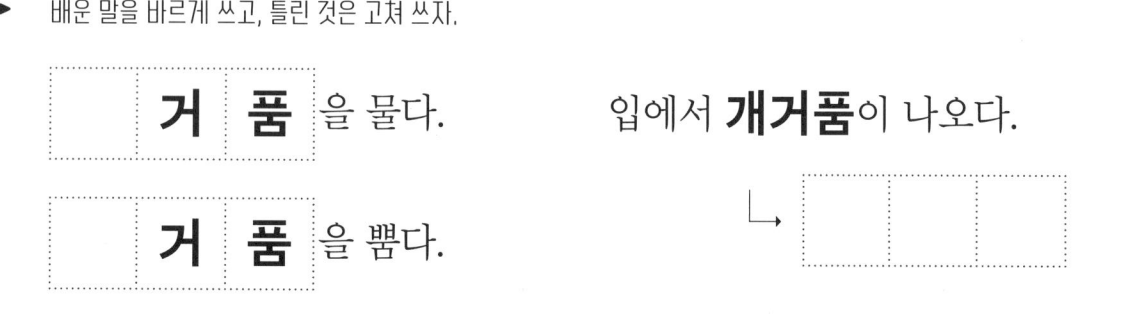

| | **거** | **품** | 을 물다. |

입에서 **개거품**이 나오다.

↳

| | **거** | **품** | 을 뽑다. |

▶ 배운 말을 포함하여 맞춤법이 바른 문장을 만들어 보자.

게거품 →

25.

▶ 맞춤법, 잘 알고 있는지 OX 퀴즈로 먼저 확인해 볼까?

순대국 먹으러 가자.　( )

순댓국 먹으러 가자.　( )

정답 ▶

👏 **사이시옷 규정**을 알면 정답이 보인다!

이 단어는 순우리말인 '순대'와 '국'이 합쳐진 말로, 표준 발음은 [순대꾹/순댇꾹]이야.
순우리말로 된 합성어에서 뒷말의 첫소리가 된소리로 발음될 경우, 사이시옷을 받치어
적어.

▶

　└, 이 말과 같은 **순우리말 합성어**에서, **뒷말의 첫소리가
　　된소리로 발음되면 사이시옷**을 받치어 적어.

　　이 단어는 뒷말 '국'의 첫소리가 [꾹]과 같이 된소리로
　　발음되므로, **순댓국**이라고 적어야 해.

▶　맞춤법이 <u>틀린</u> 말에 ✕표 하자.

돼지를 삶은 국물에 순대와 돼지 부산물 등을 넣고 끓인 국을 **순댓국**
이라고 한다. **순대국**은 저렴한 값에 사골 국물과 고기를 푸짐하게 먹
을 수 있어 인기가 있다. 또 **순대국**은 '국밥' 하면 대표적으로 떠올리
는 음식이기도 하다.

▶　배운 말을 바르게 쓰고, 틀린 것은 고쳐 쓰자.

| 순 | | 국 | 그릇 |

| 순 | | 국 | 가게 |

이 집 **순대국**이 최고야.

　└,

▶　배운 말을 포함하여 맞춤법이 바른 문장을 만들어 보자.

순댓국 →

26.

▶ 맞춤법, 잘 알고 있는지 O✕ 퀴즈로 먼저 확인해 볼까?

> 열심히 노력한 <u>대</u>가야. ( )

> 열심히 노력한 **댓**가야. ( )

정답

▶

사이시옷 규정을 알면 정답이 보인다!

이 단어는 한자어인데, 한자어끼리 합쳐진 합성어인 경우에는 사이시옷을 받치어 적지 않아. 단, 예외적으로 '곳간[庫間], 셋방[貰房], 숫자[數字], 찻간[車間], 툇간[退間], 횟수[回數]'에는 사이시옷을 적어.

▶

 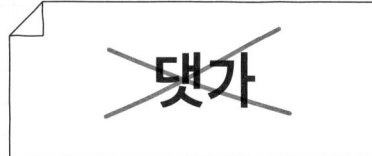

└ **대가**[代價]는 한자어야.

한자어끼리 합쳐진 말은 [대까]와 같이
뒷말의 첫소리가 된소리로 나더라도
사이시옷을 받치어 적지 않아.

▶ 맞춤법이 <u>틀린</u> 말에 ✕표 하자.

"그런 잘못을 했으면 이 정도 **대가**는 치러야지."
"그 사람은 충분히 **댓가**를 치른 것 같아."
"아니, 적절한 **대가**를 치르려면 아직 멀었어."

▶ 배운 말을 바르게 쓰고, 틀린 것은 고쳐 쓰자.

| | **가** 를 받다. | 노동의 **댓가**를 지불하다.

| | **가** 를 치르다. | └ | | |

▶ 배운 말을 포함하여 맞춤법이 바른 문장을 만들어 보자.

대가 →

27.

▸ 맞춤법, 잘 알고 있는지 ○✕ 퀴즈로 먼저 확인해 볼까?

나 지금 **빈털터리**야.　（　）

나 지금 **빈털털이**야.　（　）

정답

▸

 발음 때문에 헷갈리는 말, 낱말의 짜임을 알면 보인다!

이 단어는 '비다'에서 나온 '빈'에, '재산이 다 없어지고 가난뱅이가 된 사람'이라는 뜻을 가진 말인 '털터리'가 합쳐진 말이야.

▶

┗ **빈-** + **털터리**

털터리는 '재산이 다 없어지고 가난뱅이가 된 사람'을 뜻해.

털털이는 **털터리**를 잘못 쓴 표현이야.

▶ 맞춤법이 <u>틀린</u> 말에 ✕표 하자.

"용돈을 다 써 버렸어. 이제 나는 **빈털털이**야."

"**빈털터리**라고? 용돈 받은 지 얼마 안 됐잖아."

"게임기를 사는 데 다 썼거든. 이거 봐. 정말 **빈털털이**지?"

▶ 배운 말을 바르게 쓰고, 틀린 것은 고쳐 쓰자.

나는 돈 한 푼 없는   그는 **빈털털이**가 되었다.

빈	털			다.

┗

▶ 배운 말을 포함하여 맞춤법이 바른 문장을 만들어 보자.

빈털터리 →

28.

▶ 맞춤법, 잘 알고 있는지 ⭕❌ 퀴즈로 먼저 확인해 볼까?

> ## 구레나룻 기르는 중이야. ( )

> ## 구렛나루 기르는 중이야. ( )

정답
▶

 잘못 쓰이는 말, 표준 발음을 알면 보인다!

이 단어의 표준 발음은 [구레나룯]이야.

[구렌나루] 등으로 발음하는 것은 잘못된 표현이지.

 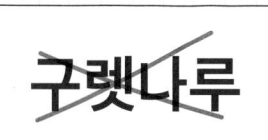

└ 이 말은 [구레나룯]으로 발음하고 **구레나룻**으로 적어.

이 말을 [구렌나루] 등으로 발음하고
구렛나루로 적는 것은 잘못된 표현이야.

▶ 맞춤법이 틀린 말에 ✕표 하자.

남자의 머리 모양은 멋진 **구레나룻**으로 완성됩니다! 저희 키키 미용실에서는 손님들의 **구렛나루**를 최신 스타일로 멋지게 다듬어 드립니다. **구렛나루** 모양이 마음에 들지 않아 속상하신 분들, 모두 키키 미용실로 오세요!

▶ 배운 말을 바르게 쓰고, 틀린 것은 고쳐 쓰자.

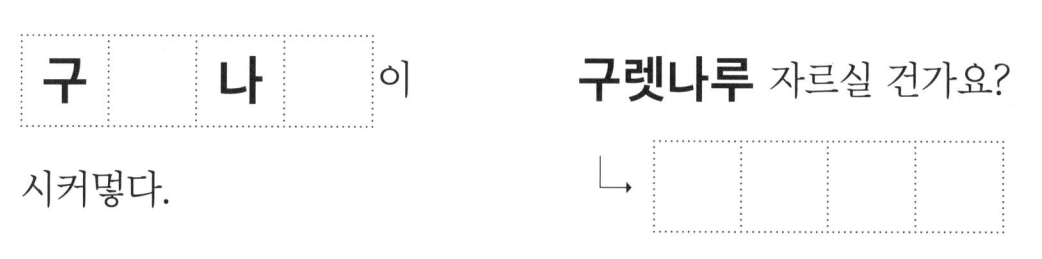

| 구 | | 나 | | 이

시커멓다.

구렛나루 자르실 건가요?

└

▶ 배운 말을 포함하여 맞춤법이 바른 문장을 만들어 보자.

구레나룻 →

29.

▶ 맞춤법, 잘 알고 있는지 O X 퀴즈로 먼저 확인해 볼까?

네 **뒤치다꺼리**도 지겨워. ( )

네 **뒤치닥거리**도 지겨워. ( )

정답
▶

 **발음 때문에 헷갈리는 말, 낱말의 짜임을 알면 보인다!**

이 단어는 '뒤'에, '남의 자잘한 일을 보살펴서 도와줌, 또는 그런 일'을 뜻하는 말인 '치다꺼리'가 합쳐진 말이야.

└ **뒤 + 치다꺼리**

치다꺼리는 '남의 자잘한 일을 보살펴서 도와줌, 혹은 그런 일'을
뜻하므로, '뒤치다꺼리'는 '뒤에서 일을 보살펴서 도와주는 일'
혹은 '일이 끝난 뒤에 뒤끝을 정리하는 일'을 뜻해.
치닥거리는 **치다꺼리**를 잘못 쓴 표현이야.

▶ 맞춤법이 틀린 말에 ×표 하자.

"학급 회의가 끝나면 교실 **뒤치닥거리**는 늘 우리 몫이네."

"왜 항상 우리가 **뒤치다꺼리**까지 맡아야 해?"

"그러게. 앞으로 뒷정리도 다 같이 하자고 건의해야겠어."

▶ 배운 말을 바르게 쓰고, 틀린 것은 고쳐 쓰자.

뒤	치			리

할 시간이 없다.

뒤치닥거리도 힘들다.

└ | | | | | |
|---|---|---|---|---|

▶ 배운 말을 포함하여 맞춤법이 바른 문장을 만들어 보자.

뒤치다꺼리 →

30

▶ 맞춤법, 잘 알고 있는지 O✕ 퀴즈로 먼저 확인해 볼까?

나무가 **뿌리째** 뽑혔어. ( )

나무가 **뿌리채** 뽑혔어. ( )

정답
▶

 잘못 쓰이는 말, 어법을 알면 보인다!

'-째'는 '그대로' 또는 '전부'라는 뜻을 더해 주는 말이고,

'채'는 '이미 있는 상태 그대로 있다'라는 뜻을 가진 말이야.

'채'는 '앉은 채', '입은 채' 등 '-은/는 채' 또는 '-은/는 채로'의 형태로 쓰여.

▶

┗ **뿌리 + -째**

'채'는 '-은/는 채' 혹은 '-은/는 채로'의 형태로
쓰이므로, **뿌리채**는 잘못 쓴 표현이야.

▶ 맞춤법이 <u>틀린</u> 말에 ✕표 하자.

'발본색원'이라는 사자성어가 있다. 좋지 않은 일이 다시 생기지 않도록
원인을 **뿌리채** 뽑아 버린다는 말이다. 잡초는 **뿌리째** 뽑아내야 다시
자라지 않듯, 근본적인 원인을 **뿌리째** 뽑아 버리지 않으면 해결책은
임시방편에 불과할 것이다.

▶ 배운 말을 바르게 쓰고, 틀린 것은 고쳐 쓰자.

| 뿌 | 리 | | 뽑다.

| 뿌 | 리 | | 베다.

살림이 **뿌리채** 흔들리다.

┗→ | | | |

▶ 배운 말을 포함하여 맞춤법이 바른 문장을 만들어 보자.

뿌리째 →

▶ 바르게 쓰인 말에 ◯표 하자.   **맞춤법 확인하기**

01
나무가
뿌리째
뿌리채
뽑혔어.

02
뒤뜰
뒷뜰
에서 좀 쉴까?

03
구레나룻
구렛나루
기르는 중이야.

04
네
뒤치다꺼리
뒤치닥거리
도 지겨워.

05
우리 정말
오랜만
오랫만
이다!

06
아주
개거품
게거품
을 물더라.

07
나 지금
빈털터리
빈털털이
야.

08
열심히 노력한
대가
댓가
야.

09
재떨이
재털이
필요하신가요?

10
순대국
순댓국
먹으러 가자.

01　　나는 육개장보다 **순대국**이 더 좋더라.
→

02　　그 사람은 돈을 다 잃고 **빈털털이**가 되었어.
→

03　　사촌을 **오랫만**에 만났더니 어색한 느낌이 들었어.
→

04　　목표를 이루고자 할 때에는 **댓가**가 따르는 법이다.
→

05　　콧수염에 **구렛나루**까지 하얗게 세었다.
→

06　　잘못된 일은 **뿌리채** 뽑아 버려야 한다.
→

07　　어제 윗집 아저씨가 **개거품**을 물고 화내지 뭐야.
→

08　　그 부부는 아이의 **뒤치닥거리**를 하느라 바빴다.
→

09　　**뒷뜰**에 풀어 놓은 닭들이 모이를 쪼아 먹고 있다.
→

10　　**재털이**에 담배꽁초가 가득 차 있네.
→

31.

▶ 맞춤법, 잘 알고 있는지 O X 퀴즈로 먼저 확인해 볼까?

이게 대체 **왠일**이야?　( )

이게 대체 **웬일**이야?　( )

정답
▶

 발음 때문에 헷갈리는 말, 낱말의 짜임을 알면 보인다!

이 단어는 '어찌 된 일'이라는 뜻을 가진 말인데,
'웬'에는 '어찌 된'이라는 뜻이 있어.

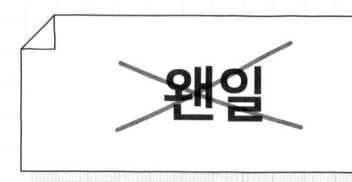

└, **웬 + 일**

'**웬**'은 '어찌 된'을 뜻해.
이 말에 '일'이 합쳐져 '어찌 된 일'을 뜻하는
웬일이 되었어.

▶ 맞춤법이 <u>틀린</u> 말에 ✕표 하자.

"**왠일**로 네가 제시간에 왔네?"

"**웬일**이냐니? 내가 언제 그렇게 늦었다고."

"아니긴. 다들 **왠일**이냐고 할걸?"

▶ 배운 말을 바르게 쓰고, 틀린 것은 고쳐 쓰자.

	일 이세요?	이 시간에 **왠일**이니?

	일 로 왔어?	└,

▶ 배운 말을 포함하여 맞춤법이 바른 문장을 만들어 보자.

웬일 →

32.

▶ 맞춤법, 잘 알고 있는지 O✕ 퀴즈로 먼저 확인해 볼까?

식당은 **위층**에 있어.　　( )

식당은 **윗층**에 있어.　　( )

정답
▶

 사이시옷 규정을 알면 정답이 보인다!

이 단어는 순우리말인 '위'에, 한자어 '층[層]'이 합쳐진 말이야.
이처럼 순우리말이 포함된 합성어에서, 뒷말의 첫소리가 'ㅊ, ㅋ, ㅌ ㅍ'등의 거센소리이
면 사이시옷을 받치어 적지 않아.

▶

 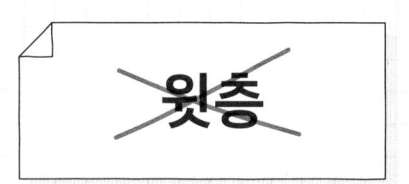

└→ 이 말처럼 **순우리말이 포함된 합성어**에서,
뒷말의 첫소리가 'ㅊ' 등의 **거센소리**이면
사이시옷을 받치어 적지 않아.

'위층'은 뒷말 '층'의 첫소리가 거센소리 'ㅊ'이므로,
위층이라고 적어야 해.

▶ 맞춤법이 <u>틀린</u> 말에 ✕표 하자.

공동 주택에서 **윗층**의 생활 소음이 아래층에까지 들려와 다툼이 생기는 일이 많아지고 있다. **윗층**에서 뛰거나 큰 소리를 내면 아랫집 주민들이 심한 스트레스를 겪어, **위층**에 찾아가 불편을 호소하거나 크게 다투게 되는 것이다.

▶ 배운 말을 바르게 쓰고, 틀린 것은 고쳐 쓰자.

건물 [ ] **층**

[ ] **층** 사람들

우리 집 **윗층**에 불이 났다.

└→ [ ] [ ]

▶ 배운 말을 포함하여 맞춤법이 바른 문장을 만들어 보자.

위층 →

33.

▶ 맞춤법, 잘 알고 있는지 ○✕ 퀴즈로 먼저 확인해 볼까?

> 이 **돈가스** 정말 맛있다. ( )

> 이 **돈까스** 정말 맛있다. ( )

정답
▶

 외래어 표기법을 알면 정답이 보인다!

이 단어는 일본어에서 온 말로, 원어로는 [tonkatsu]라고 발음해.

이 말이 우리나라에 들어오면서 '돈가스', '돈까스' 등으로 변형되었어.

하지만 외래어 표기법상, 원어가 파열음(공기를 막았다가 터뜨리면서 내는 소리로, 'ㄱ, ㅋ, ㄷ, ㅌ, ㅂ, ㅍ' 등이 있음)인 말의 표기에는 된소리를 쓰지 않아.

 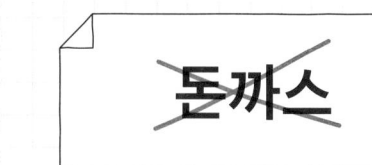

└→ [톤카츠]가 **돈가스**로 변형된 경우야.
외래어 표기법상 **원어 발음이** 'ㅋ'과 같은 **파열음인**
말은 된소리로 표기하지 않아.

따라서 [카]의 'ㅋ'을 된소리 'ㄲ'으로 적지 않고,
돈가스로 적어야 해.

▶ 맞춤법이 <u>틀린</u> 말에 ✕표 하자.

돈가스는 크게 경양식 **돈까스**와 일본식 **돈까스**로 나눌 수 있다. 경양식 **돈까스**는 주로 넓적하고, 겉면이 촉촉해질 만큼 소스를 듬뿍 부어 먹는다. 반면 일본식 **돈가스**는 고기를 넓게 펴지 않고, 주로 소스를 찍어 먹는다.

▶ 배운 말을 바르게 쓰고, 틀린 것은 고쳐 쓰자.

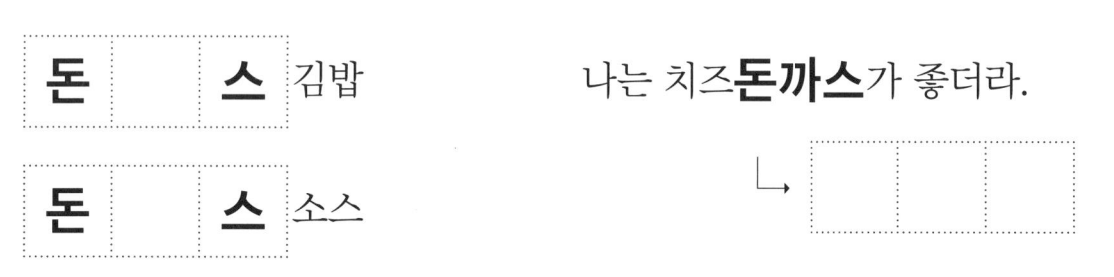

| **돈** | | **스** | 김밥 |

나는 치즈**돈까스**가 좋더라.

| **돈** | | **스** | 소스 |

└→ ☐ ☐ ☐

▶ 배운 말을 포함하여 맞춤법이 바른 문장을 만들어 보자.

돈가스 →

34.

▶ 맞춤법, 잘 알고 있는지 O✕ 퀴즈로 먼저 확인해 볼까?

초콜렛이 사르르 녹아. ( )

초콜릿이 사르르 녹아. ( )

정답
▶

 외래어 표기법을 알면 정답이 보인다!

이 단어는 영어에서 온 말로, 'chocolate'이라고 적어.
원어의 발음을 옮기면 [차클럿], [초콜럿], [초콜릿] 등으로 적을 수 있는데, 이 중 관례적인 쓰임과 가장 가까운 말이 표준어가 되었어.

정답

 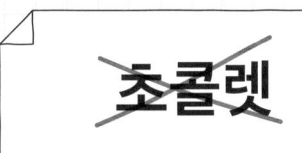

└, 원어 발음에 따라 '차클럿', '초콜럿' 등으로도
옮겨 적을 수 있지만, **관례적인 쓰임**을 고려하여
초콜릿이 표준어가 된 경우야.

▶ 맞춤법이 틀린 말에 ✕표 하자.

초콜릿은 전 세계적으로 인기 있는 간식입니다. 다크**초콜렛**, 밀크**초콜릿** 등 종류도 다양하며, 견과류나 캐러멜 등을 넣어 먹기도 합니다. **초콜릿** 특유의 맛을 활용한 **초콜렛**쿠키나 **초콜렛** 음료 또한 인기 있는 메뉴입니다.

▶ 배운 말을 바르게 쓰고, 틀린 것은 고쳐 쓰자.

| 초 | 콜 | | 파이 |

| 초 | 콜 | | 푸딩 |

초콜렛에 아몬드가 들어 있어.

└, | | | |

▶ 배운 말을 포함하여 맞춤법이 바른 문장을 만들어 보자.

초콜릿 →

35.

▶ 맞춤법, 잘 알고 있는지 ○✕ 퀴즈로 먼저 확인해 볼까?

생일 **케이크** 사러 가자.　（　）

생일 **케익** 사러 가자.　（　）

정답 ▶

 외래어 표기법을 알면 정답이 보인다!

이 단어는 영어에서 온 말로, 'cake'라고 적고 [keik]로 발음해.

외래어 표기법에 따르면, 짧은 모음 다음에 오는 [p], [t], [k]는 받침으로 적고, 그렇지 않은 경우에는 'ㅡ'를 붙여 적어. 영어에서 [ei]는 소리가 길게 나는 장모음이므로, [ei] 뒤에 오는 [k]에는 'ㅡ'를 붙여야 해.

 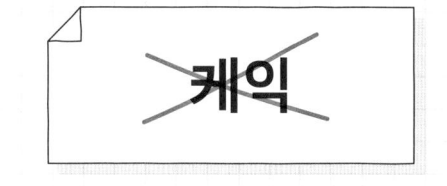

└ 원어 발음 [keik]

영어에서 [ei]는 장모음인데, 외래어 표기법상
영어의 장모음 뒤에 오는 k는 '—'를 붙여 적어.
따라서 [keik]는 **케이크**로 적어야 해.

▶ 맞춤법이 <u>틀린</u> 말에 ×표 하자.

가족이나 친구, 연인의 특별한 생일 **케익**을 준비 중이신가요? 지금 〈메리 **케이크**〉로 오세요! 생크림**케이크**부터 초콜릿**케익**, 치즈**케익**, 당근**케익** 등 다양한 종류의 맛있는 **케이크**가 준비되어 있답니다.

▶ 배운 말을 바르게 쓰고, 틀린 것은 고쳐 쓰자.

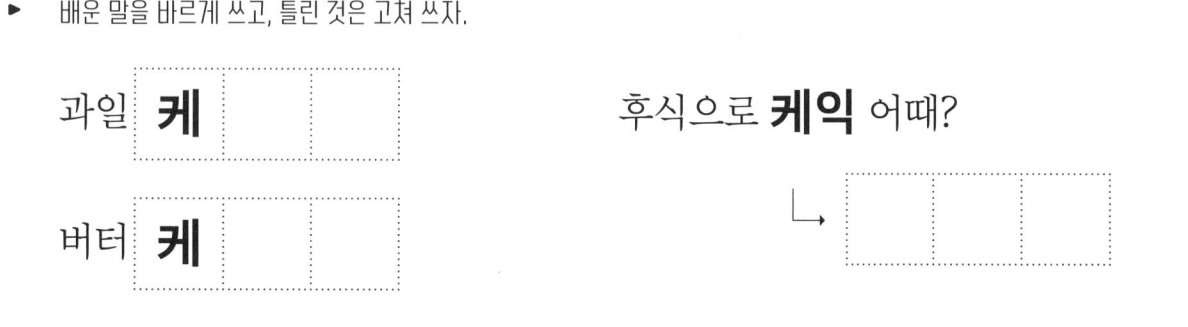

과일 **케** [ ] [ ]

버터 **케** [ ] [ ]

후식으로 **케익** 어때?

└→ [ ] [ ] [ ]

▶ 배운 말을 포함하여 맞춤법이 바른 문장을 만들어 보자.

케이크 →

▶ 맞춤법, 잘 알고 있는지 OX 퀴즈로 먼저 확인해 볼까?

오렌지**주스** 마실래?   (　)

오렌지**쥬스** 마실래?   (　)

정답 ▶

 외래어 표기법을 알면 정답이 보인다!

이 단어는 영어에서 온 말로, 'juice'라고 적고 [ʤuːs]로 발음해.
외래어 표기법에 따르면 국제 음성 기호 [u]는 'ㅜ'로 적어야 하지.

▶

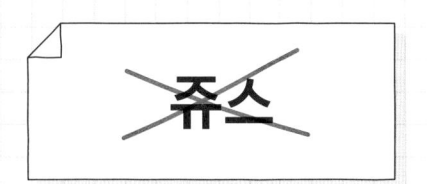

└ 원어 발음 [dʒuːs]

외래어 표기법상 **국제 음성 기호 [u]는 'ㅜ'**로 적어.
따라서 [dʒuːs]는 **주스**로 적어야 해.

▶ 맞춤법이 **틀린** 말에 ✕표 하자.

오늘 학교에서 돌아오니 목이 너무 말랐다. 냉장고를 열자, 부모님께서
장을 봐 오셨는지 뜯지 않은 우유 한 갑과 사과**쥬스**, 딸기**쥬스** 병이 보
였다. 나는 토마토**쥬스** 말고 다른 **주스**는 좋아하지 않아서 우유를 마
셨다.

▶ 배운 말을 바르게 쓰고, 틀린 것은 고쳐 쓰자.

레몬 [ ] **스**

포도 [ ] **스**

시원한 **쥬스** 마시고 싶다.

└→ [ ] [ ]

▶ 배운 말을 포함하여 맞춤법이 바른 문장을 만들어 보자.

주스 →

37.

▶ 맞춤법, 잘 알고 있는지 O✕ 퀴즈로 먼저 확인해 볼까?

오늘 반찬은 **소세지**야. ( )

오늘 반찬은 **소시지**야. ( )

정답
▶

외래어 표기법을 알면 정답이 보인다!

이 단어는 영어에서 온 말로, 'sausage'라고 적고 [sɔːsidʒ]로 발음해.
외래어 표기법에 따르면 국제 음성 기호 [i]는 'ㅣ'로 적어야 하지.

▶

└, 원어 발음 [sɔ:sidʒ]

외래어 표기법상 **국제 음성 기호 [i]는 'ㅣ'**로 적어.
따라서 [sɔ:sidʒ]는 **소시지**로 적어야 해.

▶ 맞춤법이 <u>틀린</u> 말에 ✕표 하자.

"급식에 **소세지** 나왔으면 좋겠다. 난 **소세지**가 제일 좋아."
"너 어제도 **소시지** 먹었잖아."
"**소세지**는 매일 먹어도 맛있어."

▶ 배운 말을 바르게 쓰고, 틀린 것은 고쳐 쓰자.

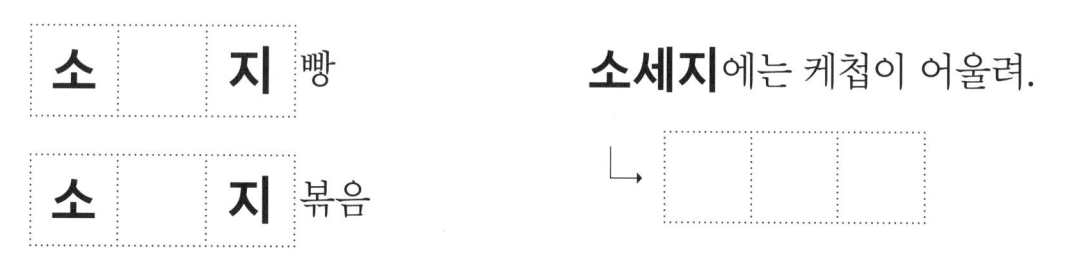

| 소 | | 지 | 빵 |

| 소 | | 지 | 볶음 |

소세지에는 케첩이 어울려.

└,

▶ 배운 말을 포함하여 맞춤법이 바른 문장을 만들어 보자.

소시지 →

38

▶ 맞춤법, 잘 알고 있는지 ○✕ 퀴즈로 먼저 확인해 볼까?

내 **메세지** 못 봤어? ( )

내 **메시지** 못 봤어? ( )

정답
▶

 외래어 표기법을 알면 정답이 보인다!

이 단어는 영어에서 온 말로, 'message'라고 적고 [mesidʒ]로 발음해.
외래어 표기법에 따르면, 국제 음성 기호 [i]는 'ㅣ'로 적어야 하지.

▶

 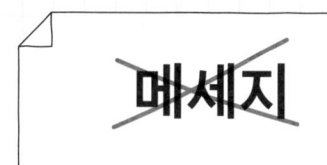

> ↳ 원어 발음 [mesidʒ]
>
> 외래어 표기법상 **국제 음성 기호 [i]는 'ㅣ'**로 적어.
> 따라서 [mesidʒ]는 **메시지**로 적어야 해.

▶ 맞춤법이 <u>틀린</u> 말에 ×표 하자.

우리는 주변 사람들과 수많은 **메시지**를 주고받으며 살고 있습니다. 문자나 음성 **메세지**를 통해서도 내 생각이나 느낌을 표현할 수 있지만, 사진이나 이모티콘을 통해서도 다양한 **메시지**를 전달할 수 있습니다.

▶ 배운 말을 바르게 쓰고, 틀린 것은 고쳐 쓰자.

문자 | 메 | | 지

음성 | 메 | | 지

그가 짧은 **메세지**를 남겼다.

↳ ▢ ▢ ▢

▶ 배운 말을 포함하여 맞춤법이 바른 문장을 만들어 보자.

메시지 →

39.

▶ 맞춤법, 잘 알고 있는지 ○✕ 퀴즈로 먼저 확인해 볼까?

그 **악세사리** 정말 예쁘다. ( )

그 **액세서리** 정말 예쁘다. ( )

정답

▶

 외래어 표기법을 알면 정답이 보인다!

이 단어는 영어에서 온 말로, 'accessory'라고 적고 [ǽksesəri], [əksesəri] 등으로 발음해. 이 중 우리말 표기는 [ǽksesəri]를 기준으로 하고 있어.

외래어 표기법에 따르면, 국제 음성 기호 [æ]는 'ㅐ'로, [ə]는 'ㅓ'로 적어야 하지.

└, 원어 발음 [æksesəri]

외래어 표기법상 **국제 음성 기호 [æ]는 'ㅐ'로,**
[ə]는 'ㅓ'로 적어.
따라서 [æksesəri]는 **액세서리**로 적어야 해.

▶ 맞춤법이 틀린 말에 ✕표 하자.

"동네에 새로운 **악세사리** 가게가 생겼어. 구경하러 갈래?"

"좋아. 내 머리 모양에 맞는 **액세서리**가 필요했어."

"패션에는 **악세사리**도 중요하지."

▶ 배운 말을 바르게 쓰고, 틀린 것은 고쳐 쓰자.

| | 세 | | 리 | 를

그 **악세사리** 어디서 샀어?

눈에 띄는 곳에 진열했다.

└,

▶ 배운 말을 포함하여 맞춤법이 바른 문장을 만들어 보자.

액세서리 →

▶ 맞춤법, 잘 알고 있는지 ○✕ 퀴즈로 먼저 확인해 볼까?

난 땅콩 **알러지**가 있어. ( )

난 땅콩 **알레르기**가 있어. ( )

정답
▶

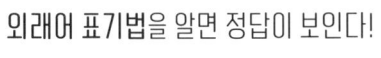

외래어 표기법을 알면 정답이 보인다!

외래어는 가능한 한 원어에 가깝게 표기하는데, 이 단어는 독일어에서 온 말이야.
'Allergie'를 '알레르기'로 적는 것은 독일식 표기이고, '알러지'라고 적는 것은 영어식
표기이지.

▶

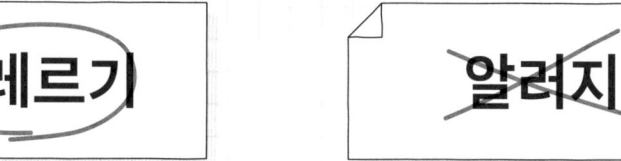

└ **Allergie**는 독일어에서 온 말이야.

규정상 **외래어는 가능한 한 원어에 가깝게 표기**하는데,
알러지는 영어식 발음에 따른 표기야. 따라서 우리말에서는
독일식 발음에 가깝게 **알레르기**로 적어.

▶ 맞춤법이 <u>틀린</u> 말에 ✕표 하자.

식품 **알러지**가 있는 사람은 음식을 먹을 때 조심해야 한다. **알러지**가 있는 식품을 먹을 경우, 심하게는 의식을 잃거나 생명이 위험해질 수도 있다. 유제품, 견과류, 갑각류 **알레르기** 등이 가장 흔한 **알레르기**이다.

▶ 배운 말을 바르게 쓰고, 틀린 것은 고쳐 쓰자.

알			

때문에 정말 고생했어.

그는 **알러지** 비염을 앓고 있다.

└

▶ 배운 말을 포함하여 맞춤법이 바른 문장을 만들어 보자.

알레르기 →

▶ 바르게 쓰인 말에 ◯표 하자.

01

생일 　케이크 / 케익　 사러 가자.

02

　초콜렛 / 초콜릿　이 사르르 녹아.

03

오렌지 　주스 / 쥬스　 마실래?

04

이게 대체 　왠일 / 웬일　이야?

05

오늘 반찬은 　소세지 / 소시지　야.

06

이 　돈가스 / 돈까스　 정말 맛있다.

07

식당은 　위층 / 윗층　에 있어.

08

내 　메세지 / 메시지　 못 봤어?

09

난 땅콩 　알러지 / 알레르기　가 있어.

10

그 　악세사리 / 액세서리　 정말 예쁘다.

▶ 다음 밑줄 친 말은 틀린 표현이다. 바르게 고쳐 쓰자. 31 ~ 40

01 요한이네 식당 **윗층**에 새 커피숍이 생겼다.
→

02 안에 치즈가 잔뜩 든 **돈까스**가 먹고 싶어.
→

03 나는 유제품 **알러지**가 무척 심해서 조심해야 해.
→

04 부지런한 한결이가 **왠일**로 지각을 다 했네.
→

05 제공되는 음료로는 콜라와 사과**쥬스**가 있습니다.
→

06 이 가게에서는 옷과 신발, **악세사리**를 취급한다.
→

07 생크림**케익** 만드는 법을 알려 줄래?
→

08 냉장고에 비엔나**소세지**가 있으니 구워 먹으렴.
→

09 날이 더워서 **초콜렛**이 다 녹아 버렸어.
→

10 나는 새해를 맞아 친구들에게 신년 **메세지**를 보냈다.
→

정답 190쪽

41~ 80

동사

사람이나 사물 등의
동작을 나타내는 품사

형용사

사람이나 사물 등의
상태나 성질을
나타내는 품사

부사

동사, 형용사,
다른 부사, 문장 전체를
꾸며 주는 품사

41.

▶ 맞춤법, 잘 알고 있는지 OX 퀴즈로 먼저 확인해 볼까?

> 문 **잠구는** 거 잊지 마. ( )

> 문 **잠그는** 거 잊지 마. ( )

정답 ▶

🖐 **단어의 기본형을 알면 동사의 활용이 보인다!**

이 말의 기본형은 '잠그다'로, '잠그-'에 '-아/아서'가 붙는 경우 '잠그-'의 'ㅡ'가 탈락하면서 '잠가/잠가서'와 같이 활용돼. 또 이 말에 '-니', '-면' 등이 붙을 경우, 기본형이 '잠그다'이므로 '잠그니', '잠그면'과 같이 활용할 수 있어.

▶

└ **기본형 '잠그다'**

기본형에 따라 '잠그는', '잠가서' 등으로 활용해야 해.
'잠구는', '잠궈서' 등은 **'잠그다'**를 잘못 쓴 표현인 **'잠구다'**를
활용한 것이므로 틀린 표현이야.

▶ 맞춤법이 틀린 말에 ✕표 하자.

외출하기 전, 가스 밸브는 **잠궈** 두셨나요? 가스레인지를 사용하지 않을 때에는 밸브를 **잠가** 두는 것이 좋아요. 밸브를 잘 **잠그지** 않으면 가스가 누출되는 사고가 벌어질 수 있어요. 외출 전에는 가스 밸브를 **잠궜는지** 꼭 확인하세요.

▶ 배운 말을 바르게 쓰고, 틀린 것은 고쳐 쓰자.

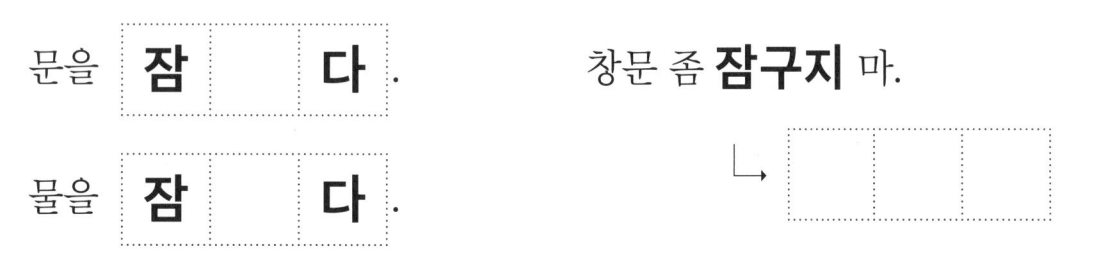

문을 | 잠 | | 다 .

물을 | 잠 | | 다 .

창문 좀 **잠구지** 마.

└→

▶ 배운 말을 활용하여 맞춤법이 바른 문장을 만들어 보자.

잠그다 →

 42.

▶ 맞춤법, 잘 알고 있는지 O✕ 퀴즈로 먼저 확인해 볼까?

김치 **담가** 본 적 있어? （ ）

김치 **담궈** 본 적 있어? （ ）

정답
▶

 단어의 기본형을 알면 동사의 활용이 보인다!

이 말의 기본형은 '담그다'로, '담그-'에 '-아/아서'가 붙는 경우 '담그-'의 'ㅡ'가 탈락하면서 '담가/담가서'와 같이 활용돼. 또 이 말에 '-니', '-면' 등이 붙을 경우, 기본형이 '담그다'이므로 '담그니', '담그면'과 같이 활용할 수 있어.

▶

 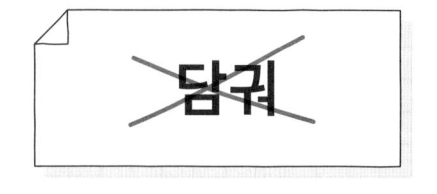

└→ **기본형 '담그다'**

기본형에 따라 '담그는', '담가서' 등으로 활용해야 해.
'담구는', '담궈서' 등은 '**담그다**'를 잘못 쓴 표현인 '**담구다**'를
활용한 것이므로 틀린 표현이야.

▶ 맞춤법이 틀린 말에 ✕표 하자.

우리나라에서는 보통 겨울이 되면 가족이 함께 모여 김장을 **담궜다**.
하지만 요즘에는 김치를 직접 **담가** 먹는 집이 줄어들고 있다. 김치는
한번 **담구는** 데 시간이 오래 걸리고 많은 정성이 필요하기 때문이다.

▶ 배운 말을 바르게 쓰고, 틀린 것은 고쳐 쓰자.

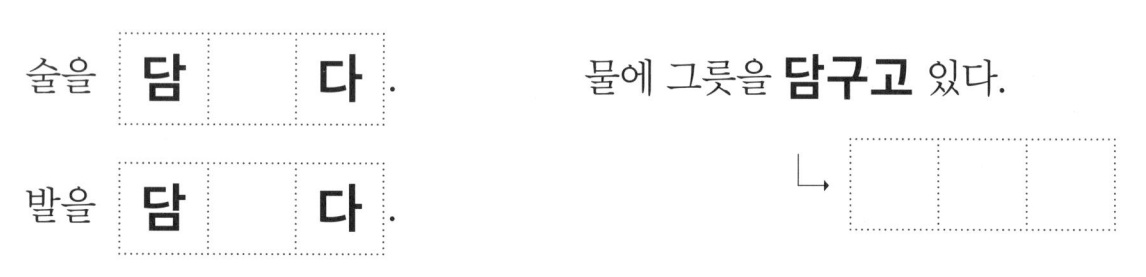

술을 | 담 | | 다 |.

발을 | 담 | | 다 |.

물에 그릇을 **담구고** 있다.

└→ | | | |

▶ 배운 말을 활용하여 맞춤법이 바른 문장을 만들어 보자.

담그다 →

43.

▶ 맞춤법, 잘 알고 있는지 O X 퀴즈로 먼저 확인해 볼까?

말을 **삼가는** 게 좋겠어.　　( )

말을 **삼가하는** 게 좋겠어. ( )

정답

▶

 단어의 기본형을 알면 **동사의 활용**이 보인다!

이 말의 기본형은 '삼가다'로, '삼가-'에 '-아/아서'가 붙으면 '삼가/삼가서', '-면'이 붙으면 '삼가면' 등으로 활용돼.

▶

└ **기본형 '삼가다'**

기본형에 따라 '삼가는', '삼가서' 등으로 활용해야 해.
'삼가하는' 등은 **삼가다**를 잘못 쓴 표현인 **삼가하다**를
활용한 것이므로 틀린 표현이야.

▶ 맞춤법이 틀린 말에 ✕표 하자.

우리는 상황에 따라 언행을 **삼가해야** 한다. 결혼식장과 장례식장에서
갖춰야 할 복장이 다르듯, 상황에 맞게 말을 **삼가고** 행동을 조심하는
것은 중요한 태도이다. 때와 장소에 맞게 언행을 **삼가지** 않으면 상대
방에게 무례를 저지를 수 있다.

▶ 배운 말을 바르게 쓰고, 틀린 것은 고쳐 쓰자.

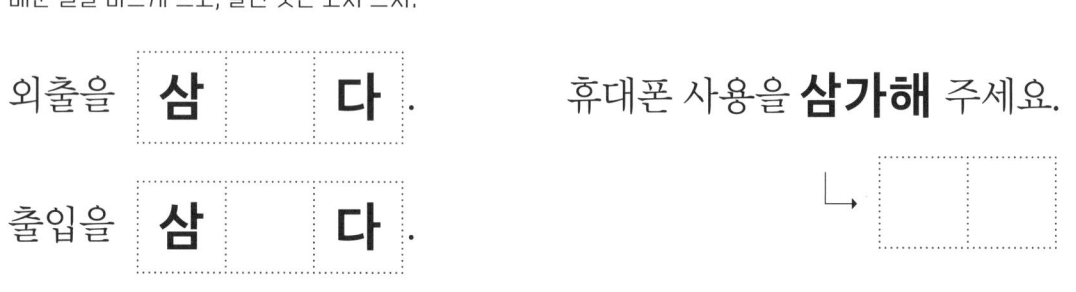

외출을 **삼** ⬚ **다** .

출입을 **삼** ⬚ **다** .

휴대폰 사용을 **삼가해** 주세요.

└→ ⬚ ⬚

▶ 배운 말을 활용하여 맞춤법이 바른 문장을 만들어 보자.

삼가다 →

44.

▶ 맞춤법, 잘 알고 있는지 ○✕ 퀴즈로 먼저 확인해 볼까?

남의 거 **건드리지** 마. ( )

남의 거 **건들이지** 마. ( )

정답 ▶

단어의 기본형을 알면 **동사의 활용**이 보인다!

'건드리다'를 '건들다'로 줄여 쓸 수 있기 때문에 헷갈릴 수 있지만,
표준어는 '건드리다'와 '건들다'야.

▶

└, '**건드리다**'의 준말이 '**건들다**'이고,
발음이 비슷하기 때문에 무엇이 맞는지 헷갈릴 수 있지만,
'**건들이다**'는 잘못 쓴 표현이야.

▶ 맞춤법이 <u>틀린</u> 말에 ✕표 하자.

"이 버튼은 절대 함부로 **건들여선** 안 돼. 알겠지?"

"버튼을 **건드리면** 어떻게 되는데?"

"자칫 잘못 **건들였다간** 건물 전체에 경보음이 울릴 수 있어."

▶ 배운 말을 바르게 쓰고, 틀린 것은 고쳐 쓰자.

잠자는 사자의 코털을

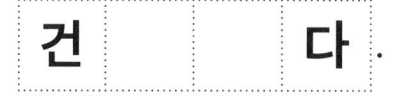

| 건 | | | 다 |. |

벌집을 **건들이면** 큰일 나.

└

| | | | |

▶ 배운 말을 활용하여 맞춤법이 바른 문장을 만들어 보자.

건드리다 →

45.

▶ 맞춤법, 잘 알고 있는지 O✕ 퀴즈로 먼저 확인해 볼까?

왜 이렇게 **구시렁대**. (   )

왜 이렇게 **궁시렁대**. (   )

정답 ▶

 표준어와 지역 방언을 구분하자!

'구시렁대다/구시렁거리다'는 표준어이고,

이 말의 강원 지역 방언이 '궁시렁대다/궁시렁거리다'야.

└ '**구시렁대다**'의 **지역 방언** '**궁시렁대다**'

한글 맞춤법은 **표준어**를 소리 나는 대로 적되,
어법에 맞도록 함을 규정으로 삼고 있어.
따라서 표준어인 '**구시렁대다**'가 정확한 표기야.

▶ 맞춤법이 <u>틀린</u> 말에 ✕표 하자.

"넌 뭘 그렇게 혼자 자꾸 **구시렁대니**? 불만이 있으면 얘기해."

"내가 언제 **궁시렁거렸다고** 그래?"

"아니긴. 아까부터 계속 혼자 **구시렁거리고** 있잖아."

▶ 배운 말을 바르게 쓰고, 틀린 것은 고쳐 쓰자.

지수는 뭐가 불만인지

| | 시 | 렁 | 거렸다. |

누가 자꾸 **궁시렁**대니?

└→ | | | |

▶ 배운 말을 활용하여 맞춤법이 바른 문장을 만들어 보자.

구시렁대다 →

46.

▶ 맞춤법, 잘 알고 있는지 ○✕ 퀴즈로 먼저 확인해 볼까?

책상은 벽에 **밀어부쳐라**. ( )

책상은 벽에 **밀어붙여라**. ( )

정답 ▶

발음 때문에 헷갈리는 말, 힌트는 뜻풀이에 있다!

이 단어는 '밀다'에, '부치다' 또는 '붙이다'가 합쳐진 것으로, '한쪽으로 세게 밀다', '여유를 주지 않고 계속 몰아붙이다' 등의 뜻을 가진 말이야.

'붙이다'는 '맞닿아 떨어지지 않게 하다' 등의 뜻이 있고, '부치다'는 '물건 따위를 상대에게 보내다' 등의 뜻이 있어.

▶

└, **붙이다**: 맞닿아 떨어지지 않게 하다.

'**밀다**'에 '**붙이다**'가 합쳐져, '한쪽으로 세게 밀다',
'여유를 주지 않고 계속 몰아붙이다' 등의
뜻을 가진 말인 '**밀어붙이다**'가 되었어.

▶ 맞춤법이 <u>틀린</u> 말에 ✕표 하자.

"너는 너무 네 의견만 **밀어부치는** 것 같아."

"내가 내 생각만 **밀어붙였다고** 느꼈어?"

"그래, 강하게 **밀어부쳐** 보는 것도 좋지만 남의 말도 들어 봐야지."

▶ 배운 말을 바르게 쓰고, 틀린 것은 고쳐 쓰자.

일을 계획대로   한번 **밀어부쳐** 보자.

| 밀 | 어 | | 다 | . |

└, | | | | |

▶ 배운 말을 활용하여 맞춤법이 바른 문장을 만들어 보자.

밀어붙이다 →

47.

▶ 맞춤법, 잘 알고 있는지 ○✕ 퀴즈로 먼저 확인해 볼까?

> 이 문제 **알아맞춰** 볼래? ( )

> 이 문제 **알아맞혀** 볼래? ( )

정답 ▶

 발음 때문에 헷갈리는 말, 힌트는 뜻풀이에 있다!

이 단어는 '알다'에, '맞추다' 또는 '맞히다'가 합쳐진 것으로, '요구되거나 기대되는 답을 알아서 맞게 하다'라는 뜻을 가진 말이야.

'맞추다'는 '서로 떨어져 있는 부분을 제자리에 맞게 대어 붙이다' 등의 뜻이 있고,

'맞히다'는 '문제에 대한 답을 틀리지 않게 하다' 등의 뜻이 있어.

▶

알아맞혀 ⭕   ~~알아맞춰~~

┗ **맞히다**: 문제의 답을 틀리지 않게 하다.

'**알다**'에 '**맞히다**'가 합쳐져, '요구되거나 기대되는 답을
알아서 맞게 하다'라는 뜻을 가진 말인 '**알아맞히다**'가
되었어.

▶ 맞춤법이 <u>틀린</u> 말에 ✕표 하자.

오늘 저녁에 상식 퀴즈 대회를 엽니다! 답을 가장 많이 **알아맞추신** 분
께는 1등 상품이, 최소 세 개 이상 **알아맞추신** 분들께는 참가 상품이
기다리고 있습니다. 상식 문제에 자신 있으신 분들, 함께 정답을 **알아
맞혀** 보세요!

▶ 배운 말을 바르게 쓰고, 틀린 것은 고쳐 쓰자.

이 수수께끼 한번   답을 **알아맞출** 수 있겠니?

| 알 | 아 | | | 봐.

┗ | | | | |

▶ 배운 말을 활용하여 맞춤법이 바른 문장을 만들어 보자.

알아맞히다 →

48.

▶ 맞춤법, 잘 알고 있는지 ○✕ 퀴즈로 먼저 확인해 볼까?

> 과자가 다 **부서졌어.** ( )

> 과자가 다 **부숴졌어.** ( )

정답
▶

 단어의 기본형을 알면 동사의 활용이 보인다!

이 단어의 기본형은 '부서지다'야. '부수다'의 피동 표현(주어가 당하는/하게 되는 표현)으로 이미 '부서지다'가 존재하기 때문에, '부수다'에 '-어지다'를 붙여 쓴 '부숴지다'는 잘못된 표현이야. 발음이 비슷한 여러 가지의 말이 같은 의미로 함께 쓰일 경우, 더 널리 쓰이는 한 가지만을 표준어로 인정하기 때문이지.

▶

ㄴ, 같은 의미로 비슷한 발음의 여러 가지 말이 쓰일 경우,
'부서지다' 처럼 일반적으로 더 널리 쓰이는 말을
표준어로 삼아.

▶ 맞춤법이 <u>틀린</u> 말에 ✕표 하자.

따뜻한 여름날, 밝은 햇살이 **부서지고** 바다에선 파도 **부서지는** 소리
가 났다. 비록 다시 집에 돌아갈 수 있을지 모른다는 기대는 산산이 **부
쉬졌지만**, 나는 그래도 희망을 잃지 않겠다. 곧 낙엽이 **부쉬지는** 가
을이 올 것이다.

▶ 배운 말을 바르게 쓰고, 틀린 것은 고쳐 쓰자.

파도가 바위에 부딪혀

부		지	다 |.

상이 **부쉬져서** 다칠 뻔했어.

ㄴ,

▶ 배운 말을 활용하여 맞춤법이 바른 문장을 만들어 보자.

부서지다 →

49.

▶ 맞춤법, 잘 알고 있는지 O✕ 퀴즈로 먼저 확인해 볼까?

자꾸 **닥달하지** 좀 마. ( )

자꾸 **닦달하지** 좀 마. ( )

정답 ▶

발음 때문에 헷갈리는 말, 낱말의 짜임을 알면 보인다!

우리말에서 받침은 'ㄱ, ㄴ, ㄷ, ㄹ, ㅁ, ㅂ, ㅇ' 7개로만 발음하며, 'ㄲ'의 대표음은 'ㄱ'이야. 따라서 '닥'과 '닦'이 모두 [닥]으로 발음되므로 헷갈릴 수 있지.

하지만 이 단어는 '남을 단단히 옥박질러서 혼을 냄'이라는 뜻을 가진 말인 '닦달'에, '하다'가 붙은 말이야.

▶

ㄴ 닦달 + 하다

'닥달하다'는 '닦달하다'를 잘못 쓴 표현이야.

▶ 맞춤법이 <u>틀린</u> 말에 ×표 하자.

"기다리라니까 왜 그렇게 **닥달하니**? 정말 스트레스 받아."

"**닦달한** 게 아니라 그냥 물어본 거야."

"하지만 나에게는 **닥달하는** 걸로 들렸어."

▶ 배운 말을 바르게 쓰고, 틀린 것은 고쳐 쓰자.

죄 없는 사람들을

너무 **닥달하지** 말아 줘.

ㄴ

▶ 배운 말을 활용하여 맞춤법이 바른 문장을 만들어 보자.

닦달하다 →

50.

▶ 맞춤법, 잘 알고 있는지 ○✕ 퀴즈로 먼저 확인해 볼까?

어두운데 불 좀 **켤**까? ( )

어두운데 불 좀 **킬**까? ( )

정답 ▶

 표준어와 지역 방언을 구분하자!

'켜다'는 표준어이고, 이 말의 강원·경북·전남·충청 지역 방언이 '키다'야.

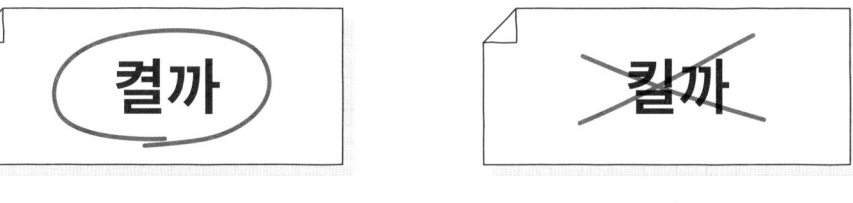

└, '**켜다**'의 **지역 방언** '**키다**'

한글 맞춤법은 **표준어**를 소리 나는 대로 적되,
어법에 맞도록 함을 규정으로 삼고 있어.
따라서 표준어인 '**켜다**'가 정확한 표기야.

▶ 맞춤법이 <u>틀린</u> 말에 ✕표 하자.

"자, 이제 가스 불을 **키고** 물을 끓이자."

"아직 불 **켜지** 마. 면이 준비가 안 됐어."

"알았어, 아직 안 **킬게**. 불을 **킬** 때가 되면 말해 줘."

▶ 배운 말을 바르게 쓰고, 틀린 것은 고쳐 쓰자.

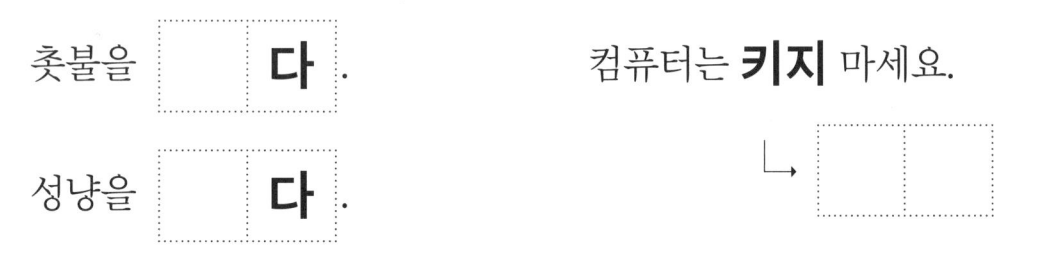

촛불을 [ ] **다** .

성냥을 [ ] **다** .

컴퓨터는 **키지** 마세요.

└, [ ] [ ]

▶ 배운 말을 활용하여 맞춤법이 바른 문장을 만들어 보자.

켜다 →

01 김치 **담가** / **담궈** 본 적 있어?

02 자꾸 **닥달하지** / **닦달하지** 좀 마.

03 어두운데 불 좀 **켤까** / **킬까**?

04 문 **잠구는** / **잠그는** 거 잊지 마.

05 이 문제 **알아맞춰** / **알아맞혀** 볼래?

06 남의 거 **건드리지** / **건들이지** 마.

07 과자가 다 **부서졌어** / **부숴졌어**.

08 말을 **삼가는** / **삼가하는** 게 좋겠어.

09 왜 이렇게 **구시렁대** / **궁시렁대**.

10 책상은 벽에 **밀어부쳐라** / **밀어붙여라**.

01　너무 네 주장만 **밀어부치지** 마.
　　→

02　앞으로 3일 동안은 격한 운동을 **삼가해** 주세요.
　　→

03　시냇물에 발을 **담구고** 있으니 무척 시원하네.
　　→

04　소미는 잊지 않고 꼭꼭 현관문을 걸어 **잠궜다**.
　　→

05　도현이는 어려운 수학 문제도 척척 **알아맞춘다**.
　　→

06　방에 향초를 **키고** 있으면 향긋하고 기분이 좋아.
　　→

07　그는 할 일은 하지 않고 **궁시렁대기만** 한다.
　　→

08　**건들이기만** 해도 부러질 것처럼 보여.
　→

09　의자가 **부숴지는** 바람에 크게 다칠 뻔했어.
　　→

10　더 빨리 올 수 없냐고 **닥달해** 봐.
　　→

51.

▶ 맞춤법, 잘 알고 있는지 ○✕ 퀴즈로 먼저 확인해 볼까?

> 어제 시험을 **치렀어**. ( )

> 어제 시험을 **치뤘어**. ( )

정답
▶

 단어의 기본형을 알면 **동사의 활용**이 보인다!

이 단어의 기본형은 '치르다'로, 뜻을 나타내는 부분인 '치르-'에 '-어', '-었-' 등이 붙으면 '치러', '치렀-'과 같이 활용돼. 또 이 말에 '-니', '-면' 등이 붙을 경우, 기본형이 '치르다'이므로 '치르니', '치르면'과 같이 활용할 수 있지.

▶

ㄴ, **기본형 '치르다'**

기본형에 따라 '치르는', '치러서' 등으로 활용해야 해.
'치루는', '치뤄서' 등은 '**치르다**'를 잘못 쓴 표현인 '**치루다**'를
활용한 것이므로 틀린 표현이야.

▶ 맞춤법이 틀린 말에 ✕표 하자.

우리 팀은 아직 **치뤄야** 할 경기가 많이 남아 있습니다. 하지만 부상 문제로 경기를 **치를** 선수가 턱없이 부족한 상황입니다. 이 상태로 리그를 **치루는** 건 불가능합니다. 선수를 더 영입해 남은 시즌을 무사히 **치르도록** 합시다.

▶ 배운 말을 바르게 쓰고, 틀린 것은 고쳐 쓰자.

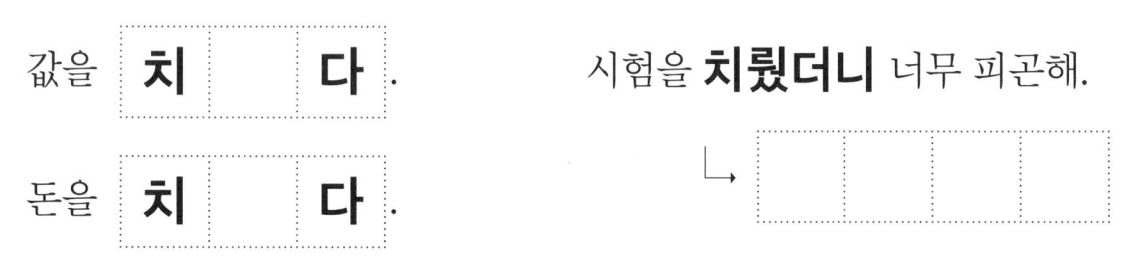

값을 [치] [ ] [다] .

돈을 [치] [ ] [다] .

시험을 **치뤘더니** 너무 피곤해.

ㄴ, [ ] [ ] [ ] [ ]

▶ 배운 말을 활용하여 맞춤법이 바른 문장을 만들어 보자.

치르다 →

52.

▶ 맞춤법, 잘 알고 있는지 **OX** 퀴즈로 먼저 확인해 볼까?

위험을 **무릅쓰고** 나섰어. ( )

위험을 **무릎쓰고** 나섰어. ( )

정답
▶

 발음 때문에 헷갈리는 말, 어원을 알면 보인다!

우리말에서 받침은 'ㄱ, ㄴ, ㄷ, ㄹ, ㅁ, ㅂ, ㅇ' 7개로만 발음하며, 'ㅍ'의 대표음은 'ㅂ'이야. 따라서 '릅'과 '릎'이 모두 [릅]으로 발음되므로 헷갈릴 수 있어.

하지만 이 말이 옛말 '무릅스다'에서 나온 말이라는 점을 기억하면 답을 찾기 쉬울 거야.

└ '**무릅쓰다**'는 옛말 '무롭스다'에서 현재의 형태로
굳어진 말로, '**무릎쓰다**'는 잘못 쓴 표현이야.

▶ 맞춤법이 <u>틀린</u> 말에 ✕표 하자.

어려운 상황에서 위험을 **무릅쓰고** 나서는 것은 힘든 일이다. 하지만 조정의 권고를 **무릅쓰고** 명량 대첩에 나선 이순신 장군과 같이, 때로는 어려움을 **무릎쓸** 줄 알아야 정말 힘든 일도 해낼 수 있다.

▶ 배운 말을 바르게 쓰고, 틀린 것은 고쳐 쓰자.

부끄러움을

| 무 | | 쓰 | 다 |．

추위를 **무릎쓰고** 밖에 나갔다.

└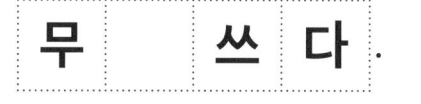

▶ 배운 말을 활용하여 맞춤법이 바른 문장을 만들어 보자.

무릅쓰다 →

53.

▶ 맞춤법, 잘 알고 있는지 O✕ 퀴즈로 먼저 확인해 볼까?

다들 완전히 **널부러졌네.** ( )

다들 완전히 **널브러졌네.** ( )

정답
▶

 잘못 쓰이는 말, 한글 맞춤법 규정에 따라 기억하자!

어떤 낱말이 비슷한 발음으로 몇 가지 형태가 쓰이고 있고, 그 의미에 아무런 차이가 없을 경우, 그중 일반적으로 더 널리 쓰이고 있는 하나의 형태만을 표준어로 삼고 있어.

ㄴ, 같은 의미로 비슷한 발음의 여러 가지 말이 쓰일 경우,
'널브러지다'처럼 일반적으로 더 널리 쓰이는 말을
표준어로 삼아.

▶ 맞춤법이 <u>틀린</u> 말에 ✕표 하자.

경기가 끝나자 우리 팀은 완전히 **널부러졌다.** 너무 피곤해서 일어날
기운도 없었다. 우리는 앉지도 못하고 계단에 **널브러져** 있었고, 어지
럽게 **널부러진** 공과 경기에 사용한 장비들도 전혀 치울 수 없었다.

▶ 배운 말을 바르게 쓰고, 틀린 것은 고쳐 쓰자.

우리는 아무렇게나   바닥에 **널부러져** 있지 마.

| 널 | | 러 | 졌 | 다 |

ㄴ,

| | | | |

▶ 배운 말을 활용하여 맞춤법이 바른 문장을 만들어 보자.

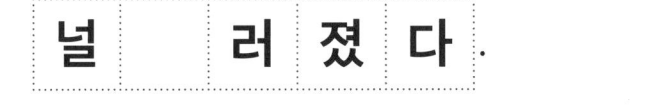

널브러지다 →

54.

▶ 맞춤법, 잘 알고 있는지 OX 퀴즈로 먼저 확인해 볼까?

그는 **내노라하는** 가수야. （ ）

그는 **내로라하는** 가수야. （ ）

정답

▶

 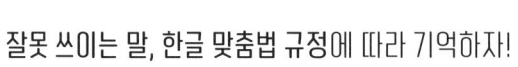 **잘못 쓰이는 말, 한글 맞춤법 규정에 따라 기억하자!**

이 단어는 '남이 아닌 자기 자신'을 가리키는 말 '나'에, '-이-＋-오-＋-다'가 붙은 말에서 온 것으로, '어떤 분야를 대표할 만하다'라는 뜻을 가진 말이야. 따라서 '내놓다'와 관련을 지어 쓰는 것은 잘못된 표현이야.

▶

└, '**내로라하다**'는 '나＋-이-＋-오-＋-다'가 결합한 '내로라'에
동사 '하다'가 합쳐진 말이야.
'-오-'가 '-로-'로, '-다'가 '-라'로 바뀐 형태이지.
이 말은 '어떤 분야를 대표할 만하다'라는 뜻을 가진 단어이므로,
'내놓다'와 관련을 지어 '**내노라하다**'로 쓰는 것은 잘못 쓴 표현이야.

▶ 맞춤법이 <u>틀린</u> 말에 ✕표 하자.

"이번 행사에는 **내로라하는** 스타들이 모인대."
"**내노라하는** 스타들이라니, 누가 오는데?"
"여기 포스터를 봐. 다들 **내로라하는** 사람들이지?"

▶ 배운 말을 바르게 쓰고, 틀린 것은 고쳐 쓰자.

내		라	하	는

내노라하는 선수들이 모였다.

학자들이 참여했다.

└, | | | | |
|---|---|---|---|

▶ 배운 말을 활용하여 맞춤법이 바른 문장을 만들어 보자.

내로라하다 →

55.

▶ 맞춤법, 잘 알고 있는지 ○✕ 퀴즈로 먼저 확인해 볼까?

삐딱하게 **받아드리지** 마. (   )

삐딱하게 **받아들이지** 마. (   )

정답 ▶

 발음 때문에 헷갈리는 말, 힌트는 뜻풀이에 있다!

이 단어는 '받다'에, '드리다' 또는 '들이다'가 합쳐진 것으로, '어떤 사실 등을 이해하고 수용하다' 등의 뜻을 가진 말이야.

'들이다'는 '밖에서 안으로 함께 가거나 오게 하다' 등의 뜻이 있고, '드리다'는 '주다'의 높임말이지.

131

정답

 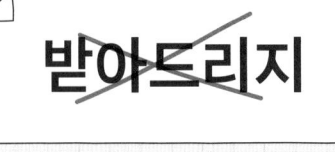

└ **들이다**: 밖에서 안으로 함께 가거나 오게 하다.

'**받다**'에 '**들이다**'가 합쳐져, '어떤 사실 등을 인정하거나 수용하다' 등의 뜻을 가진 말인 '**받아들이다**'가 되었어.

▶ 맞춤법이 틀린 말에 ✕표 하자.

"조언을 **받아드릴** 때의 태도는 아주 중요해."

"맞아, 충고를 공격으로 **받아들이기** 쉽지."

"하지만 남의 말을 무조건 **받아드리는** 것도 위험한 태도야."

▶ 배운 말을 바르게 쓰고, 틀린 것은 고쳐 쓰자.

친구의 조언을

| 받 | 아 | | 다 | . |

받아드리기 힘든 현실이다.

└ | | | | | |

▶ 배운 말을 활용하여 맞춤법이 바른 문장을 만들어 보자.

받아들이다 →

56.

▶ 맞춤법, 잘 알고 있는지 O✕ 퀴즈로 먼저 확인해 볼까?

급하게 **들이켜지** 마.　（　）

급하게 **들이키지** 마.　（　）

정답 ▶

 잘못 쓰이는 말, 힌트는 뜻풀이에 있다!

'켜다'는 그 자체로 '물이나 술 따위를 단숨에 들이마시다' 등의 뜻이 있는 말이야.

▶

└ **켜다**: 물 따위를 단숨에 들이마시다.

이 말은 '들어오다' 혹은 '들어가다'의 '들-'과, '-이-'에 **켜다**가
합쳐진 것으로 분석돼. 따라서 '액체를 단숨에 마구 마시다' 등의
뜻을 가진 말인 **'들이켜다'**가 되었어.

▶ 맞춤법이 <u>틀린</u> 말에 ✕표 하자.

따뜻한 차를 홀짝홀짝 **들이키다가**, 나는 이내 밖으로 나선다. 훅 숨을
들이키자 느껴지는 바깥공기는 무척 서늘하다. 어제 비가 내렸기 때문
일 것이다. 시원한 산 공기를 **들이켜니** 머릿속이 다 맑아지는 기분이
다.

▶ 배운 말을 바르게 쓰고, 틀린 것은 고쳐 쓰자.

물을 벌컥벌컥   숨 좀 **들이키고** 애기해 봐.

 .   └

▶ 배운 말을 활용하여 맞춤법이 바른 문장을 만들어 보자.

들이켜다 →

57.

▶ 맞춤법, 잘 알고 있는지 O✕ 퀴즈로 먼저 확인해 볼까?

> 벌써 마음이 **설레**네.　( )

> 벌써 마음이 **설레이**네.　( )

정답 ▶

 단어의 기본형을 알면 **동사의 활용**이 보인다!

이 단어의 기본형은 '설레다'로, '설레는, 설렘' 등으로 활용할 수 있어.

└ **기본형 '설레다'**

기본형에 따라 '설레는', '설레게' 등으로 활용해야 해.
'설레이네'는 '**설레다**'를 잘못 쓴 표현인 '**설레이다**'를
활용한 것이므로 틀린 표현이야.

▶ 맞춤법이 <u>틀린</u> 말에 ✕표 하자.

미나는 아침부터 마음이 **설레입니다**. 실은 어젯밤에도 **설레는** 맘에
잠을 설쳤습니다. 오늘은 할머니 댁에 새로 태어난 강아지를 보러 가는
날이기 때문입니다. 미나는 **설레이는** 가슴을 안고 집을 나섰습니다.

▶ 배운 말을 바르게 쓰고, 틀린 것은 고쳐 쓰자.

| 설 | | 는 | 마음 |

| 설 | | 는 | 하루 |

마음을 **설레이게** 하는 노래야.

└ [　][　][　]

▶ 배운 말을 활용하여 맞춤법이 바른 문장을 만들어 보자.

설레다 →

58.

▶ 맞춤법, 잘 알고 있는지 ○× 퀴즈로 먼저 확인해 볼까?

밥 먹으니까 **졸<u>리</u>다.** ( )

밥 먹으니까 **졸<u>립</u>다.** ( )

정답 ▶

 잘못 쓰이는 말, 한글 맞춤법 규정에 따라 기억하자!

어떤 낱말이 비슷한 발음으로 몇 가지 형태가 쓰이고 있고, 그 의미에 아무런 차이가 없을 경우, 그중 일반적으로 더 널리 쓰이고 있는 하나의 형태만을 표준어로 삼고 있어.

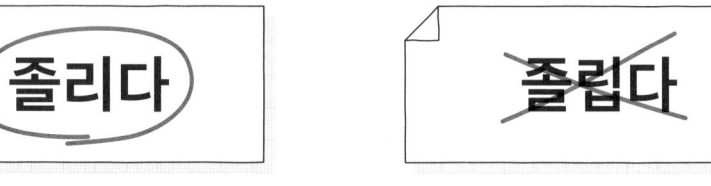

└▸ 같은 의미로 비슷한 발음의 여러 가지 말이 쓰일 경우,
   '**졸리다**'처럼 일반적으로 더 널리 쓰이는 말을
   표준어로 삼아.

▶ 맞춤법이 <u>틀린</u> 말에 ✕표 하자.

사람들은 **졸립고** 피곤할 때 카페인이 든 각성 음료를 자주 마십니다.
하지만 **졸리다고** 해서 잠을 쫓기 위해 카페인을 자주 섭취하는 것은
건강에 좋지 않습니다. 너무 **졸립거나** 피로를 느낄 때에는 가벼운 운
동을 하는 편이 좋습니다.

▶ 배운 말을 바르게 쓰고, 틀린 것은 고쳐 쓰자.

너무 ┌─┬─┬─┐ **졸** | | **다** .

내내 ┌─┬─┬─┐ **졸** | | **다** .

졸립고 피곤해서 쉬고 싶어.

└▸ ┌─┬─┬─┐

▶ 배운 말을 활용하여 맞춤법이 바른 문장을 만들어 보자.

졸리다 →

59.

▶ 맞춤법, 잘 알고 있는지 ○✕ 퀴즈로 먼저 확인해 볼까?

> 얼굴이 **햴쑥해졌어.**   ( )

> 얼굴이 **햴쓱해졌어.**   ( )

정답
▶

 뜻이 같거나 비슷한 말을 알면 정답이 보인다!

'얼굴에 핏기가 없고 파리하다'의 뜻을 가진 말로는 '햴쑥하다'와 '해쓱하다'가 있어.

▶

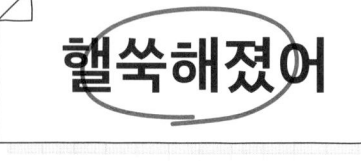 

└ '**햍쑥하다**'와 '**해쓱하다**'가 모두 표준어이고
　뜻이 비슷하기 때문에 헷갈릴 수 있지만,
　'**햍쓱하다**'는 잘못 쓴 표현이야.

▶ 맞춤법이 <u>틀린</u> 말에 ✕표 하자.

"할머니 얼굴이 **햍쑥해지신** 걸 보니 마음이 아파."

"그래, 정말 몰라보게 **햍쓱해지셨더라**."

"얼마 전만 해도 건강하셨는데, 며칠 사이 이렇게 **햍쑥해지시다니**."

▶ 배운 말을 바르게 쓰고, 틀린 것은 고쳐 쓰자.

몸이 마르고 얼굴이 　　　　　　그는 **햍쓱한** 얼굴로 누워 있다.

| 햍 | | 하 | 다 | . |

└

▶ 배운 말을 활용하여 맞춤법이 바른 문장을 만들어 보자.

햍쑥하다 →

60.

▶ 맞춤법, 잘 알고 있는지 O X 퀴즈로 먼저 확인해 볼까?

그것 참 **희<u>안</u>한** 일이다. （ ）

그것 참 **희<u>한</u>한** 일이다. （ ）

정답
▶

 잘못 쓰이는 말, 한자를 알면 보인다!

이 단어는 '매우 드물거나 신기하다'라는 뜻을 가진 말로,

'드물다'의 뜻을 가진 '드물 희[稀]', '드물 한[罕]' 자가 쓰였어.

▶

└ **드물 희**[稀], **드물 한**[罕]

따라서 '**희한하다**'는 '매우 드물거나 신기하다'라는
뜻을 가진 말이 돼.

▶ 맞춤법이 <u>틀린</u> 말에 ✕표 하자.

"저 새 좀 봐. 정말 **희안하게** 생기지 않았니?"

"그러게. 이렇게 **희한한** 새는 태어나서 처음 봐."

"어쩐지 다들 **희안하게** 쳐다보고 있더라고."

▶ 배운 말을 바르게 쓰고, 틀린 것은 고쳐 쓰자.

| 희 | | 한 | 일 |

| 희 | | 한 | 물건 |

어제 **희안한** 꿈을 꾸었어.

└ | | | |

▶ 배운 말을 활용하여 맞춤법이 바른 문장을 만들어 보자.

희한하다 →

▶ 바르게 쓰인 말에 ○표 하자.

01
어제 시험을 　**치렀어** / **치뤘어** .

02
밥 먹으니까 　**졸리다** / **졸립다** .

03
그것 참 　**희안한** / **희한한** 　일이다.

04
벌써 마음이 　**설레네** / **설레이네** .

05
위험을 　**무릅쓰고** / **무릎쓰고** 　나섰어.

06
급하게 　**들이켜지** / **들이키지** 　마.

07
얼굴이 　**핼쑥해졌어** / **핼쓱해졌어** .

08
그는 　**내노라하는** / **내로라하는** 　가수야.

09
삐딱하게 　**받아드리지** / **받아들이지** 　마.

10
다들 완전히 　**널부러졌네** / **널브러졌네** .

01　요즘엔 자꾸 주변에 **희안한** 일이 많았어.
　　→

02　마음고생을 심하게 하더니 얼굴이 **핼쓱해졌구나**.
　　→

03　찬물을 한 잔 **들이키고** 나니 이제 좀 살 것 같다.
　　→

04　우리 팀은 훌륭한 경기력으로 대회를 **치뤘다**.
　　→

05　패배를 **받아드릴** 줄 아는 태도는 무척 중요해.
　　→

06　옷가지며 물건들이 어지럽게 **널부러져** 있었다.
　　→

07　유찬이의 표정에는 **설레임**이 가득했어.
　　→

08　그 부부는 주변의 반대를 **무릎쓰고** 결혼식을 올렸다.
　　→

09　아직까지는 그렇게 **졸립지** 않아.
　　→

10　**내노라하는** 선수들이 득점왕 경쟁을 펼치고 있다.
　　→

61.

▶ 맞춤법, 잘 알고 있는지 O✕ 퀴즈로 먼저 확인해 볼까?

멋적어서 가만히 있었어. ( )

멋쩍어서 가만히 있었어. ( )

정답
▶

발음 때문에 헷갈리는 말, 어법을 알면 보인다!

[쩍다]로 발음되는 말의 표기가 '-적다'인지 '-쩍다'인지 헷갈리는 경우,
'양이 적다'의 뜻이 나타나는 말은 '적다'로 적어.
하지만 '겸연쩍다' 등과 같이 '양이 적다'의 뜻이 나타나지 않는 말은 '쩍다'로 적어.

▶

 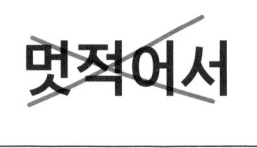

└→ '-적다/쩍다'가 [쩍다]로 발음될 때,
'양이 적다'의 뜻이 나타나지 않으면 '쩍다'로 적어.
이 말은 '어색하고 쑥스럽다' 등의 뜻을 가진 말이므로,
'양이 적다'의 뜻이 나타나 있지 않아.

따라서 **'멋쩍다'**로 적어야 해.

▶ 맞춤법이 <u>틀린</u> 말에 ✕표 하자.

"내가 그 친구들 사이에 끼긴 좀 **멋적어서** 그냥 집에 왔어."

"멋쩍긴 뭐가 **멋쩍어**? 그냥 같이 놀면 되지."

"하지만 그 애들도 나를 **멋적어** 하는 것 같았는걸."

▶ 배운 말을 바르게 쓰고, 틀린 것은 고쳐 쓰자.

나는 **멋** ⬚ **어**   **멋적은지** 그는 그냥 웃었다.

하며 돌아섰다.   └→ ⬚⬚⬚⬚

▶ 배운 말을 활용하여 맞춤법이 바른 문장을 만들어 보자.

멋쩍다 →

62.

▶ 맞춤법, 잘 알고 있는지 ○✕ 퀴즈로 먼저 확인해 볼까?

머리가 **부스스**해졌네.　( )

머리가 **부시시**해졌네.　( )

정답 ▶

 뜻이 같거나 비슷한 말을 알면 정답이 보인다!

'머리카락이나 털 따위가 몹시 어지럽게 일어나거나 흐트러져 있다'라는 뜻을 가진 말로는 '부스스하다'와 '푸시시하다'가 있어.

└ '**부스스하다**'와 '**푸시시하다**'가 모두 표준어이고
　뜻이 비슷하기 때문에 헷갈릴 수 있지만,
　'**부시시하다**'는 잘못 쓴 표현이야.

▶ 맞춤법이 틀린 말에 ✕표 하자.

엉킨 머리, **부스스한** 머리카락이 고민이신가요? 여기 **부스스한** 머리를 깔끔하게 정리해 주는 스프레이 제품이 출시되었습니다. 엉키고 **부시시한** 머리는 이제 안녕! '찰랑 스프레이'로 **부시시한** 머리카락을 단정하게 만들어 보세요!

▶ 배운 말을 바르게 쓰고, 틀린 것은 고쳐 쓰자.

고양이의 털이　　　　　　　　　　**부시시한** 머리를 빗질했다.

부		하	다

└

▶ 배운 말을 활용하여 맞춤법이 바른 문장을 만들어 보자.

부스스하다 →

63.

▶ 맞춤법, 잘 알고 있는지 O X 퀴즈로 먼저 확인해 볼까?

느즈막하게 일어났지 뭐. ( )

느지막하게 일어났지 뭐. ( )

정답 ▶

 표준어와 지역 방언을 구분하자!

'느지막하다'는 표준어이고, 이 말의 경북 지역 방언이 '느즈막하다'야.

 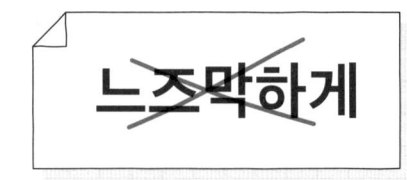

└ '**느지막하다**'의 **지역 방언** '**느즈막하다**'

한글 맞춤법은 **표준어**를 소리 나는 대로 적되,
어법에 맞도록 함을 규정으로 삼고 있어.
따라서 표준어인 '**느지막하다**'가 정확한 표기야.

▶ 맞춤법이 <u>틀린</u> 말에 ✕표 하자.

오늘은 아주 여유로운 일요일이었다. **느즈막하게** 침대에서 일어나 **느지막한** 아침을 먹고 **느지막한** 하루를 시작했다. 매일 일찍 서두르다가 이렇게 **느즈막한** 일상을 보내고 있으니, 마음이 느긋하고 평화로웠다.

▶ 배운 말을 바르게 쓰고, 틀린 것은 고쳐 쓰자.

느		막	하	게

나타나다.

느즈막한 점심을 먹었다.

└

▶ 배운 말을 활용하여 맞춤법이 바른 문장을 만들어 보자.

느지막하다 →

64.

▶ 맞춤법, 잘 알고 있는지 OX 퀴즈로 먼저 확인해 볼까?

> 너 **엉큼한** 구석이 있구나? ( )

> 너 **응큼한** 구석이 있구나? ( )

정답
▶

 표준어와 지역 방언을 구분하자!

'엉큼하다'는 표준어이고, 이 말의 강원 지역 방언이 '응큼하다'야.

 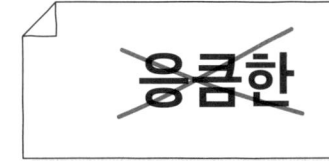

> ↳ '**엉큼하다**'의 **지역 방언** '**응큼하다**'
>
> 한글 맞춤법은 **표준어**를 소리 나는 대로 적되,
> 어법에 맞도록 함을 규정으로 삼고 있어.
> 따라서 표준어인 '**엉큼하다**'가 정확한 표기야.

▶ 맞춤법이 <u>틀린</u> 말에 ✕표 하자.

"엉큼하게도 딴소리를 하고 있네."

"응큼하다니, 너 말이 너무 심한 거 아니야?"

"흥, 내가 그 **엉큼한** 속을 모를 줄 알고?"

▶ 배운 말을 바르게 쓰고, 틀린 것은 고쳐 쓰자.

| | 큼 | 한 | 속셈 |

| | 큼 | 한 | 욕심 |

속이 **응큼하고** 질투가 많다.

↳ [　][　][　][　]

▶ 배운 말을 활용하여 맞춤법이 바른 문장을 만들어 보자.

엉큼하다 →

65.

▶ 맞춤법, 잘 알고 있는지 O✕ 퀴즈로 먼저 확인해 볼까?

왠만한 사람은 다 알아. ( )

웬만한 사람은 다 알아. ( )

정답 ▶

 발음 때문에 헷갈리는 말, 힌트는 뜻풀이에 있다!

'왠'과 '웬'이 헷갈릴 때에는, '왠지'와 같이 '왜'의 의미가 나타날 때 '왠'을 쓰고 그렇지 않은 경우에는 대부분 '웬'으로 적어.

┗, '**왜**'의 의미가 나타날 때 '**왠**'으로 적어.
하지만 이 말은 '정도나 형편이 표준에 가깝거나 약간 낫다' 등의
뜻을 가진 말이므로, '**왜**'의 뜻이 나타나 있지 않아.

따라서 '**웬만하다**'로 적어.

▶ 맞춤법이 틀린 말에 ×표 하자.

"**웬만해선** 참으려고 했지만 정말 안 되겠어."

"그래도 **왠만하면** 참아 봐. 싸워서 좋을 거 없잖아."

"**웬만해야** 참지. 이제는 너무한 것 같아."

▶ 배운 말을 바르게 쓰고, 틀린 것은 고쳐 쓰자.

| | 만 | 한 | 일 |

| | 만 | 하 | 면 |

왠만해선 넘어가려고 했어.

┗→ | | | | |

▶ 배운 말을 활용하여 맞춤법이 바른 문장을 만들어 보자.

웬만하다 →

66.

▶ 맞춤법, 잘 알고 있는지 ○✕ 퀴즈로 먼저 확인해 볼까?

찌개가 조금 **짭잘**한데. ( )

찌개가 조금 **짭짤**한데. ( )

정답 ▶

 잘못 쓰이는 말, 한글 맞춤법 규정에 따라 기억하자!

어떤 낱말이 비슷한 발음으로 몇 가지 형태가 쓰이고 있고, 그 의미에 아무런 차이가 없을 경우, 그중 일반적으로 더 널리 쓰이고 있는 하나의 형태만을 표준어로 삼고 있어.

▶

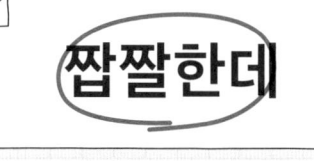 

┗, 같은 의미로 비슷한 발음의 여러 가지 말이 쓰일 경우,
'**짭짤하다**'처럼 일반적으로 더 널리 쓰이는 말을
표준어로 삼아.

▶ 맞춤법이 <u>틀린</u> 말에 ✕표 하자.

수아네 식당은 **짭짤하고** 구수한 청국장으로 유명하다. 수아네 할머니
께서 **짭잘한** 솜씨로 끓여 내신 청국장 맛이 많은 단골을 사로잡았다.
그 덕에 수아네는 올해도 **짭잘하게** 수입을 올렸다.

▶ 배운 말을 바르게 쓰고, 틀린 것은 고쳐 쓰자.

짭 | **한** 맛

짭 | **한** 수익

짭잘하게 무친 나물이야.

┗,

▶ 배운 말을 활용하여 맞춤법이 바른 문장을 만들어 보자.

짭짤하다 →

67.

▶ 맞춤법, 잘 알고 있는지 O✕ 퀴즈로 먼저 확인해 볼까?

어줍잖게 끼어들지 마. ( )

어쭙잖게 끼어들지 마. ( )

정답
▶

 잘못 쓰이는 말, 표준 발음을 알면 보인다!

이 단어의 표준 발음은 [어줍짠타]가 아니라 [어쭙짠타]야.

[어줍짠타]와 같이 잘못 발음하는 경우가 있지만, [어쭙짠타]가 맞는 발음이지.

└ 이 말은 [어쭙짠타]로 발음하고 '**어쭙잖다**'로 적어.

이 말을 [어줍짠타]로 발음하고 '**어줍잖다**'로 적는 것은
잘못된 표현이야.

▶ 맞춤법이 <u>틀린</u> 말에 ✕표 하자.

"**어줍잖게** 참견하다 그만 야단을 맞았어."

"남의 일에 **어쭙잖게** 참견하면 안 되지."

"맞아, 내가 잘 모르면서 **어줍잖은** 말을 했나 봐."

▶ 배운 말을 바르게 쓰고, 틀린 것은 고쳐 쓰자.

어		잖	게

행동하다 망신을 당한다.

어줍잖게 굴다 큰코다친다.

└

▶ 배운 말을 활용하여 맞춤법이 바른 문장을 만들어 보자.

어쭙잖다 →

68.

▶ 맞춤법, 잘 알고 있는지 O X 퀴즈로 먼저 확인해 볼까?

엔간하면 말을 안 해. ( )

엥간하면 말을 안 해. ( )

정답
▶

 잘못 쓰이는 말, 본말을 알면 보인다!

이 단어는 '어연간하다'에서 나온 말인데, '어연간하다'는 '엉간하다' 등으로 잘못 쓰이는 경우가 있지만 표준어는 '어연간하다'야.

▶

ㄴ, 이 말은 '**어연간하다**'에서 나온 말이므로,
'**엔간하다**'로 적어.
'정도가 표준에 꽤 가깝다'라는 뜻이 있는 말이지.
'**엥간하다**' 등은 잘못 쓴 표현이야.

▶ 맞춤법이 <u>틀린</u> 말에 ✕표 하자.

"민지가 **엥간해선** 화를 내는 친구가 아닌데."

"맞아, 장난도 **엔간히** 쳤어야지."

"**엥간한** 사람이면 진작에 화를 냈을 거야."

▶ 배운 말을 바르게 쓰고, 틀린 것은 고쳐 쓰자.

| | 간 | 한 | 일 |

| | 간 | 한 | 사람 |

엥간해선 고집 꺾기 힘들어.

ㄴ, [   ][   ][   ][   ]

▶ 배운 말을 활용하여 맞춤법이 바른 문장을 만들어 보자.

엔간하다 →

69.

▶ 맞춤법, 잘 알고 있는지 O✕ 퀴즈로 먼저 확인해 볼까?

점심은 **단촐하게** 먹자. （ ）

점심은 **단출하게** 먹자. （ ）

정답 ▶

 잘못 쓰이는 말, 한글 맞춤법 규정에 따라 기억하자!

어떤 낱말이 비슷한 발음으로 몇 가지 형태가 쓰이고 있고, 그 의미에 아무런 차이가 없을 경우, 그중 일반적으로 더 널리 쓰이고 있는 하나의 형태만을 표준어로 삼고 있어.

▶

└, 같은 의미로 비슷한 발음의 여러 가지 말이 쓰일 경우,
'**단출하다**'처럼 일반적으로 더 널리 쓰이는 말을
표준어로 삼아.

▶ 맞춤법이 <u>틀린</u> 말에 ✕표 하자.

우리 집은 식구가 **단출해서** 살림살이도 **단출한** 편이다. 식구들도 물건이나 옷을 많이 사지 않고, 음식에도 욕심이 없다. 그래서 옷차림도 아주 **단출하고**, 식단도 **단출하다**.

▶ 배운 말을 바르게 쓰고, 틀린 것은 고쳐 쓰자.

| 단 | | 한 | 차림 |

| 단 | | 한 | 살림 |

나는 **단출한** 짐을 꾸려 두었다.

└,

▶ 배운 말을 활용하여 맞춤법이 바른 문장을 만들어 보자.

단출하다 →

70.

▶ 맞춤법, 잘 알고 있는지 OX 퀴즈로 먼저 확인해 볼까?

와! 정말 **어의없다**.　( )

와! 정말 **어이없다**.　( )

정답

▶

 잘못 쓰이는 말, 어원을 알면 보인다!

이 단어는 옛말 '어히없다'에서 나온 말이야.

현대에는 '어히없다'의 두 번째 음절에서 'ㅎ'이 탈락한 형태로 말이 굳어지게 되었어.

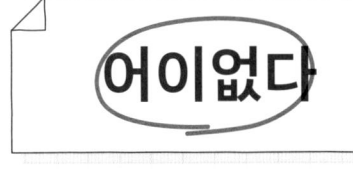 

└, 이 말은 옛말 '**어히없다**'에서 나온 말인데,
   현대에는 두 번째 음절 '히'에서 'ㅎ'이 탈락하면서
   '**어이없다**'의 형태로 말이 굳어지게 되었어.

▶ 맞춤법이 <u>틀린</u> 말에 ✕표 하자.

"나 오늘 아주 **어이없는** 말을 들었어."

"**어의없는** 말이라니, 그게 뭔데?"

"글쎄 내가 오빠랑 똑같이 생겼다는 거야. 정말 **어이없지**."

▶ 배운 말을 바르게 쓰고, 틀린 것은 고쳐 쓰자.

무슨 말인지 정말   그건 **어의없는** 오해였다.

| 어 | | 없 | 다 |

.   └→

| | | | |

▶ 배운 말을 활용하여 맞춤법이 바른 문장을 만들어 보자.

어이없다 →

▶ 바르게 쓰인 말에 ○표 하자.

01
왠만한
웬만한
사람은 다 알아.

02
너 엉큼한
응큼한
구석이 있구나?

03
와! 정말 어의없다
어이없다
.

04
점심은 단촐하게
단출하게
먹자.

05
어줍잖게
어쭙잖게
끼어들지 마.

06
엔간하면
엥간하면
말을 안 해.

07
멋적어서
멋쩍어서
가만히 있었어.

08
느즈막하게
느지막하게
일어났지 뭐.

09
찌개가 조금 짭잘한데
짭짤한데
.

10
머리가 부스스해졌네
부시시해졌네
.

01   남의 일에 **어줍잖게** 참견해선 안 된다.
→

02   **어의없지만** 이제 와서 어쩔 수 없지.
→

03   찬희는 늦잠을 자고 일어나 **느즈막한** 아침을 먹었다.
→

04   안 그래 보이는데 속이 아주 **응큼하구나**?
→

05   서윤이가 **엥간히도** 화가 났던 모양이야.
→

06   아버지께서 된장국을 **짭잘하게** 끓여 주셨다.
→

07   강아지 털이 **부시시한** 게 좀 빗겨 주어야겠어.
→

08   **왠만하면** 오늘은 그냥 푹 쉬는 것이 어떠니?
→

09   그는 무척 쑥스러워하며 **멋적게** 웃었다.
→

10   **단촐한** 살림에 너무 많이 준비할 거 없어.
→

71.

▶ 맞춤법, 잘 알고 있는지 ○× 퀴즈로 먼저 확인해 볼까?

어짜피 우리가 이겨! ( )

어차피 우리가 이겨! ( )

정답

▶

 잘못 쓰이는 말, 한자를 알면 보인다!

이 단어는 '이렇게 하든지 저렇게 하든지' 등의 뜻을 가진 말로,
'이 차[此]', '저 피[彼]' 자가 쓰였어.

▶

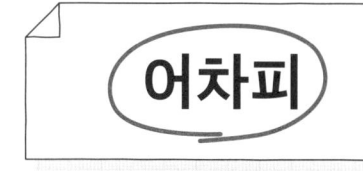   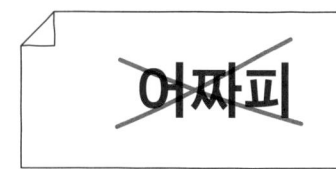

└, **어조사 어**[於], **이 차**[此], **저 피**[彼]

따라서 '**어차피**'는 '이렇게 하든지 저렇게 하든지' 등의
뜻을 가진 말이 돼.

▶ 맞춤법이 **틀린** 말에 ✕표 하자.

잠에서 깨니 벌써 아홉 시, 지금 출발해도 **어차피** 기차 시간을 맞추긴
늦었다. **어짜피** 제때 도착하긴 틀렸으니 나는 서두르지 않고 다시 차
표를 예매했다. 혼자 떠나는 여행인 만큼, **어차피** 기다릴 사람도 없을
테니까.

▶ 배운 말을 바르게 쓰고, 틀린 것은 고쳐 쓰자.

| 어 | | 피 | 할

일이니 얼른 끝내자.

어짜피 집에 가야 해.

└,

▶ 배운 말을 포함하여 맞춤법이 바른 문장을 만들어 보자.

어차피 →

72.

▶ 맞춤법, 잘 알고 있는지 O✕ 퀴즈로 먼저 확인해 볼까?

음식이 **금<u>새</u>** 나왔네. ( )

음식이 **금<u>세</u>** 나왔네. ( )

정답

▶

 발음 때문에 헷갈리는 말, 본말을 알면 보인다!

이 단어는 '금시에'가 줄어든 말이야.

▶

└▸ '**금시에**'의 '시에'가 줄어든 것이므로, '**금세**'로 적어.

▶ 맞춤법이 <u>틀린</u> 말에 ✕표 하자.

금새라도 태풍이 몰려올 것 같은 하늘이다. 나는 물끄러미 창밖을 보다 돌아선다. 아까만 해도 시끄럽게 울어대던 동생은 **금세** 쌔근쌔근 잠이 들었다. 바람이 너무 거세진 않아야 할 텐데. **금세** 올 거라던 형은 아직 도 소식이 없다.

▶ 배운 말을 바르게 쓰고, 틀린 것은 고쳐 쓰자.

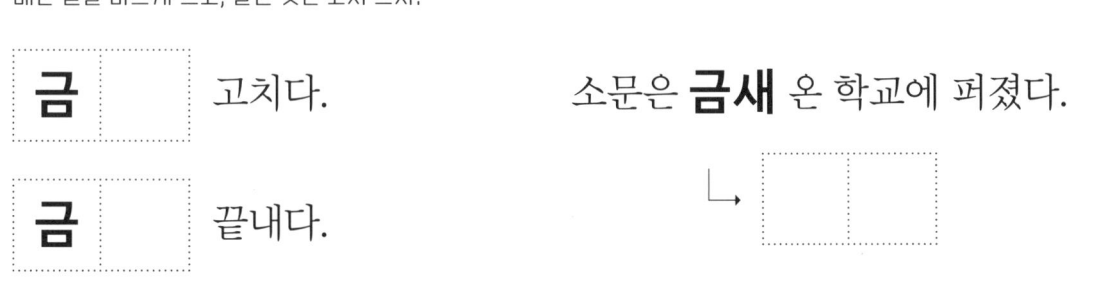

금 　　 고치다.

금 　　 끝내다.

소문은 **금새** 온 학교에 퍼졌다.

└▸ 　　

▶ 배운 말을 포함하여 맞춤법이 바른 문장을 만들어 보자.

금세 →

73.

▶ 맞춤법, 잘 알고 있는지 O✕ 퀴즈로 먼저 확인해 볼까?

저 사람 **왠지** 수상한데. ( )

저 사람 **웬지** 수상한데. ( )

정답 ▶

 발음 때문에 헷갈리는 말, 본말을 알면 보인다!

이 단어는 '왜인지'가 줄어든 말이야.

정답

▶

└→ '**왜인지**'의 '왜인'이 줄어든 것이므로, '**왠지**'로 적어.

▶ 맞춤법이 <u>틀린</u> 말에 ✕표 하자.

"**웬지** 방에 한기가 드는 것 같은데? 너는 안 춥니?"

"너도 그래? 나도 아까부터 **왠지** 춥더라고."

"창문은 잘 닫혀 있는 것 같은데, **웬지** 모르겠네."

▶ 배운 말을 바르게 쓰고, 틀린 것은 고쳐 쓰자.

| | **지** | 이상해. |

| | **지** | 얄미워. |

웬지 불길한 예감이 들어.

└→ [ ][ ]

▶ 배운 말을 포함하여 맞춤법이 바른 문장을 만들어 보자.

왠지 →

74.

▶ 맞춤법, 잘 알고 있는지 O✕ 퀴즈로 먼저 확인해 볼까?

> **구지** 사양 말고 먹어.　（　）

> **굳이** 사양 말고 먹어.　（　）

정답
▶

 발음 때문에 헷갈리는 말, 어법을 알면 보인다!

이 말에는 받침 'ㄷ, ㅌ'이 모음 'ㅣ'와 만나서 각각 [ㅈ, ㅊ]으로 발음되는 현상인 '구개음화' 현상이 나타나 있어.

 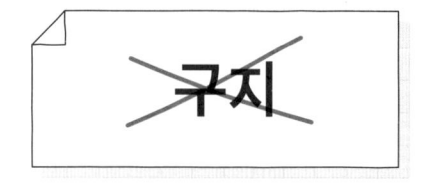

┗ ('굳다'의) **굳- + -이**

이 말에는 받침 'ㄷ, ㅌ'이 모음 'ㅣ'와 만나서 각각 [ㅈ, ㅊ]으로
발음되는 **구개음화 현상**이 나타나 있으므로,
'**굳이**'로 적고 [**구지**]로 발음해.
'**-이**'는 부사를 만들어 주는 말이야.

▶ 맞춤법이 틀린 말에 ✕표 하자.

"**굳이** 기다릴 필요 없겠지? 윤주가 먼저 먹으라고 했으니까."
"그래, **구지** 그럴 필요는 없을 것 같아."
"**굳이** 기다리기엔 사실 배가 너무 고팠어."

▶ 배운 말을 바르게 쓰고, 틀린 것은 고쳐 쓰자.

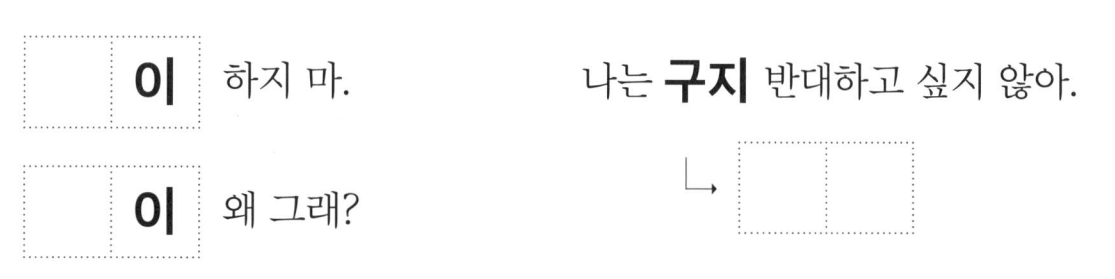

| | **이** 하지 마. |

나는 **구지** 반대하고 싶지 않아.

| | **이** 왜 그래? |

┗ | | |

▶ 배운 말을 포함하여 맞춤법이 바른 문장을 만들어 보자.

굳이 →

75.

▶ 맞춤법, 잘 알고 있는지 ⭕❌ 퀴즈로 먼저 확인해 볼까?

온종일 비가 내렸어. （ ）

왼종일 비가 내렸어. （ ）

정답 ▶

 잘못 쓰이는 말, 한글 맞춤법 규정에 따라 기억하자!

같은 단어에 단모음을 쓰는 경우와 이중 모음을 쓰는 경우가 함께 나타날 때, 규정상 단모음을 쓰는 경우를 표준어로 삼고 있어.

┗, 한 단어에 단모음 또는 이중 모음을 쓰는 경우가 함께 나타날 때,
단모음을 쓴 경우를 표준어로 삼아.
'왼'의 'ㅚ'는 단모음이지만 이중 모음으로도 발음될 수 있으므로,
단모음 'ㅗ'가 쓰인 '**온종일**'이 표준어가 되었어.
이 말은 명사로도 쓰일 수 있어.

▶ 맞춤법이 <u>틀린</u> 말에 ✕표 하자.

오늘 학교에서 시험을 봤다. 어제 **온종일** 공부를 했더니 몸이 뻐근해서, 오늘은 승우와 밖에서 **왼종일** 놀기만 하자고 약속을 했다. 우리는 **온종일** 바깥을 쏘다니며 축구도 하고, 게임도 하며 재미있는 시간을 보냈다.

▶ 배운 말을 바르게 쓰고, 틀린 것은 고쳐 쓰자.

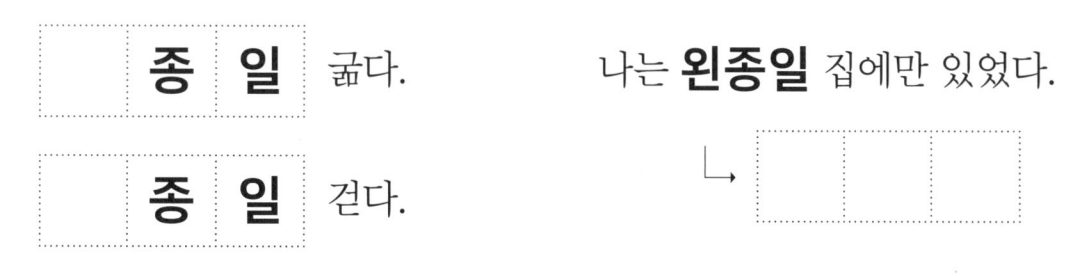

| | 종 | 일 | 굶다. |

| | 종 | 일 | 걷다. |

나는 **왼종일** 집에만 있었다.

┗, | | | |

▶ 배운 말을 포함하여 맞춤법이 바른 문장을 만들어 보자.

온종일 →

76.

▶ 맞춤법, 잘 알고 있는지 ○✕ 퀴즈로 먼저 확인해 볼까?

일부러 그런 건 아니야. ( )

일부로 그런 건 아니야. ( )

정답
▶

표준어와 지역 방언을 구분하자!

'일부러'는 표준어이고, 이 말의 강원·경상·전라·충청 지역 방언이 '일부로'야.

▶

 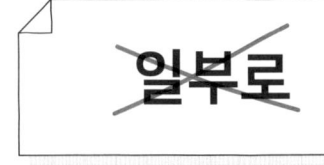

     ↳ '**일부러**'의 **지역 방언** '**일부로**'

     한글 맞춤법은 **표준어**를 소리 나는 대로 적되,
     어법에 맞도록 함을 규정으로 삼고 있어.
     따라서 표준어인 '**일부러**'가 정확한 표기야.

▶ 맞춤법이 <u>틀린</u> 말에 ✕표 하자.

"미안해. **일부로** 망가뜨리려고 한 건 아니었어."

"정말 **일부러** 그런 게 아니니?"

"정말로 실수였어. 내가 **일부로** 그럴 리가 없잖아."

▶ 배운 말을 바르게 쓰고, 틀린 것은 고쳐 쓰자.

| 일 | 부 | | 하다. |

| 일 | 부 | | 묻다.

일부로 모르는 척하지 마.

     ↳ ☐ ☐ ☐

▶ 배운 말을 포함하여 맞춤법이 바른 문장을 만들어 보자.

일부러 →

77.

▶ 맞춤법, 잘 알고 있는지 ○✕ 퀴즈로 먼저 확인해 볼까?

> ### 더 **깊숙이** 들어가 볼까?　（　）

> ### 더 **깊숙히** 들어가 볼까?　（　）

정답 ▶

 부사를 만드는 '-이' 또는 '-히', 표준 발음으로 구분하자!

이 단어의 표준 발음은 [깁쑤기]야.

끝말이 분명하게 [이]로만 소리 나는 것은 '-이'로 적어야 해.

▶

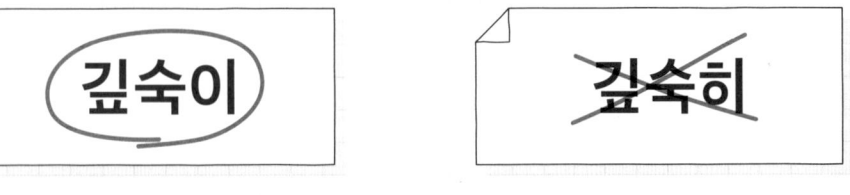

└, 이 말의 표준 발음은 [깁쑤키]가 아니라 [**깁쑤기**]야.

끝말이 분명하게 [이]로 소리 나는 경우이므로,

'**깊숙이**'로 적어.

▶ 맞춤법이 틀린 말에 ✕표 하자.

숲속에는 짙은 어둠이 **깊숙이** 깔려 있었다. 나는 점점 더 안쪽을 향해 **깊숙이** 나아갔다. 주변은 계속 어두워졌고 아무 소리도 들리지 않았다. 마침내 연못이었다. 나는 숲의 찬 공기를 **깊숙히** 들이마시며 그 자리에 멈추어 섰다.

▶ 배운 말을 바르게 쓰고, 틀린 것은 고쳐 쓰자.

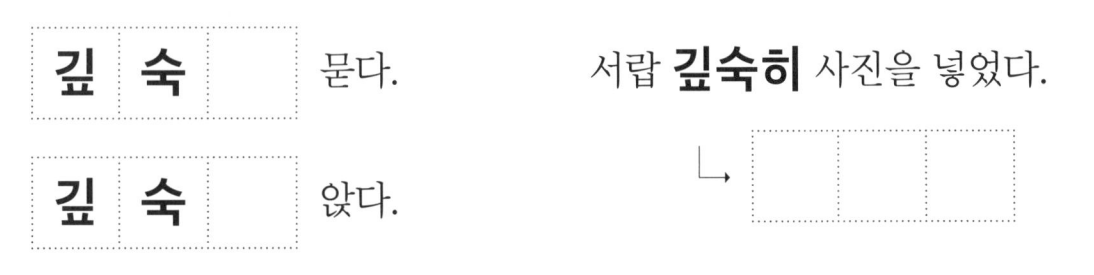

| 깊 | 숙 | | 묻다. |

| 깊 | 숙 | | 앉다. |

서랍 **깊숙히** 사진을 넣었다.

└, ☐ ☐ ☐

▶ 배운 말을 포함하여 맞춤법이 바른 문장을 만들어 보자.

깊숙이 →

78.

▶ 맞춤법, 잘 알고 있는지 〇✕ 퀴즈로 먼저 확인해 볼까?

바닥은 **깨끗이** 닦자.　（　　）

바닥은 **깨끗히** 닦자.　（　　）

정답

▶

 부사를 만드는 '-이' 또는 '-히', 표준 발음으로 구분하자!

이 단어의 표준 발음은 [깨끄시]야.

끝말이 분명하게 [이]로만 소리 나는 것은 '-이'로 적어야 해.

▶

 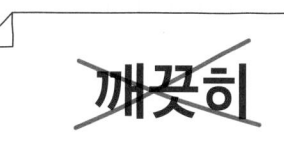

 └, 이 말의 표준 발음은 [깨끄치]가 아니라 **[깨끄시]**야.

   끝말이 분명하게 [이]로 소리 나는 경우이므로,
   '**깨끗이**'로 적어.

▶ 맞춤법이 <u>틀린</u> 말에 ✕표 하자.

청결을 유지하는 것은 중요하다. 외출하고 돌아오면 손을 **깨끗이** 씻고, 옷은 **깨끗히** 빨아 입으며, 집도 **깨끗히** 청소해야 한다. 주변 환경을 **깨끗이** 정돈하는 것은 위생에 좋을 뿐 아니라 마음가짐을 바로 하는 데에도 도움이 된다.

▶ 배운 말을 바르게 쓰고, 틀린 것은 고쳐 쓰자.

| 깨 | 끗 | | 쓰다. |

| 깨 | 끗 | | 털다. |

방은 **깨끗히** 치워야 한다.

 └,

▶ 배운 말을 포함하여 맞춤법이 바른 문장을 만들어 보자.

깨끗이 →

79.

▶ 맞춤법, 잘 알고 있는지 ○✕ 퀴즈로 먼저 확인해 볼까?

꼼꼼이 따져 봐야 해. ( )

꼼꼼히 따져 봐야 해. ( )

정답
▶

 부사를 만드는 '-이' 또는 '-히', 표준 발음으로 구분하자!

이 단어의 표준 발음은 [꼼꼼히]야.

끝말이 분명하게 [히]로만 소리 나는 것은 '-히'로 적어야 해.

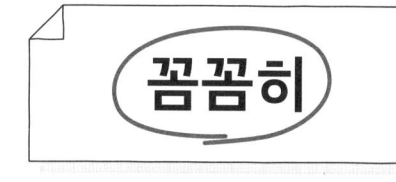 

└, 이 말의 표준 발음은 [꼼꼬미]가 아니라 [꼼꼼히]야.

끝말이 분명하게 [히]로 소리 나는 경우이므로,
'꼼꼼히'로 적어.

▶ 맞춤법이 <u>틀린</u> 말에 ✕표 하자.

"제품 설명서는 **꼼꼼히** 확인해 봤어?"

"응, **꼼꼼이** 읽어 봤는데 아직 뭐가 뭔지 잘 모르겠어."

"그럼 같이 처음부터 **꼼꼼히** 내용을 살펴보는 건 어떨까?"

▶ 배운 말을 바르게 쓰고, 틀린 것은 고쳐 쓰자.

| 꼼 | 꼼 | | 보다. |

| 꼼 | 꼼 | | 읽다. |

가격을 **꼼꼼이** 비교해 보자.

└▶ | | | |

▶ 배운 말을 포함하여 맞춤법이 바른 문장을 만들어 보자.

꼼꼼히 →

80.

▶ 맞춤법, 잘 알고 있는지 **OX** 퀴즈로 먼저 확인해 볼까?

일일이 확인할 게 많아. (   )

일일히 확인할 게 많아. (   )

정답 ▶

 부사를 만드는 '-이' 또는 '-히', 표준 발음으로 구분하자!

이 단어의 표준 발음은 [일리리]야.

끝말이 분명하게 [이]로만 소리 나는 것은 '-이'로 적어야 해.

정답

▶

└→ 이 말의 표준 발음은 [일릴히]가 아니라 **[일리리]**야.

끝말이 분명하게 [이]로 소리 나는 경우이므로,
'**일일이**'로 적어.
'**일일히**'는 '일일이'의 옛말로, 더 이상 표준어로
인정되지 않아.

▶ 맞춤법이 <u>틀린</u> 말에 ✕표 하자.

"**일일히** 기록해야 할 것이 많아서 힘들어."

"꼭 전부 다 **일일이** 적어 둬야 하는 거야?"

"응, 지금 **일일히** 써 두어야 나중에 편하게 일할 수 있거든."

▶ 배운 말을 바르게 쓰고, 틀린 것은 고쳐 쓰자.

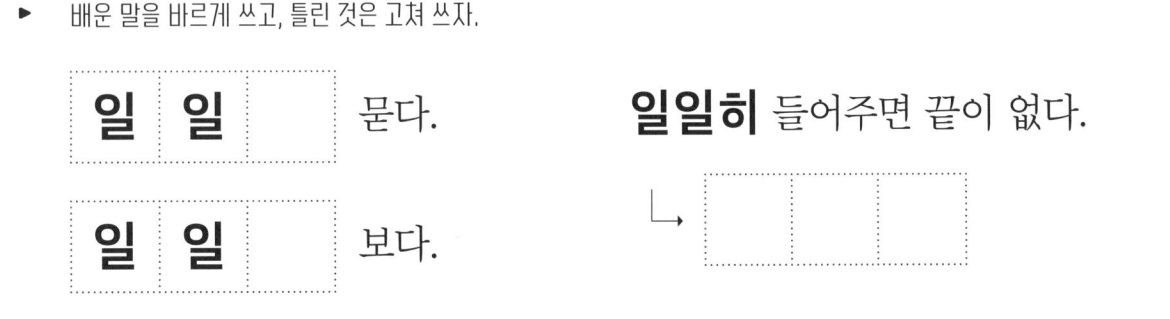

| 일 | 일 | | 묻다.

| 일 | 일 | | 보다.

일일히 들어주면 끝이 없다.

└→ [   ]

▶ 배운 말을 포함하여 맞춤법이 바른 문장을 만들어 보자.

일일이 →

▶ 바르게 쓰인 말에 ○표 하자.　　**맞춤법 확인하기**

01

음식이 | **금새** / **금세** | 나왔네.

02

저 사람 | **왠지** / **웬지** | 수상한데.

03

| **온종일** / **왼종일** | 비가 내렸어.

04

| **구지** / **굳이** | 사양 말고 먹어.

05

| **일일이** / **일일히** | 확인할 게 많아.

06

더 | **깊숙이** / **깊숙히** | 들어가 볼까?

07

| **어짜피** / **어차피** | 우리가 이겨!

08

| **꼼꼼이** / **꼼꼼히** | 따져 봐야 해.

09

| **일부러** / **일부로** | 그런 건 아니야.

10

바닥은 | **깨끗이** / **깨끗히** | 닦자.

01　오늘은 **웬지** 좋은 일이 생길 것 같은 기분이 들어.
　　→

02　**어짜피** 우승은 우리 팀이 차지할 거야.
　　→

03　그렇게 **일일히** 다 설명해 주지 않아도 돼.
　　→

04　아침부터 **깨끗히** 갠 하늘을 보니 기분이 좋다.
　　→

05　경찰은 그 사건에 **깊숙히** 관여된 용의자를 찾아냈다.
　　→

06　**꼼꼼이** 읽어 보고 틀린 것이 없는지 확인해 봐.
　　→

07　그건 **구지** 하지 않아도 되는 말이었어.
　　→

08　형은 그 많은 음식을 **금새** 다 먹어 치웠다.
　　→

09　주호는 **왼종일** 침대에서 빈둥대며 놀기만 했다.
　　→

10　나는 **일부로** 더 큰 소리를 내며 말했다.
　　→

정답

1 된장 (**찌개** 찌게) 하나 주세요.

2 (**설거지** 설겆이) 좀 해야겠다.

3 짜장면 (곱배기 **곱빼기**) 주세요.

4 자꾸 (트름 **트림**)이 날 것 같아.

5 (**우유갑** 우유곽)을 재활용하자.

6 이 게임 슬슬 (실증 **싫증**) 나.

7 (**베개** 베게)가 폭신폭신하네.

8 아, (**주꾸미** 쭈꾸미) 먹고 싶다.

9 이 가방은 내 (**거** 꺼)야.

10 오늘이 (**며칠** 몇일)이더라?

1 사탕이 한 (**움큼** 웅큼) 남았어.

2 (**눈곱** 눈꼽) 좀 떼고 다녀.

3 국기 (**게양** 계양)법을 알려 줄게.

4 나는 (**재작년** 제작년)에 졸업했어.

5 주인공 (**역할** 역활)을 맡았어.

6 과자 (**개수** 갯수)는 세 개야!

7 어른께 (존대말 **존댓말**)을 써야지.

8 저기 봐. (**해님** 햇님)이 떴어.

9 점심에 (**닭개장** 닭계장) 만들까?

10 사고 (**후유증** 휴우증)으로 아팠어.

1 아무 데서나 **트림**을 하는 건 예의 없는 행동이다.

2 아무리 재미있는 게임도 오래 하면 **싫증**이 난다.

3 유정아, 혹시 저 초록색 우산 네 **거**야?

4 월드컵 결승전이 몇 월 **며칠**이더라?

5 은상이는 해산물 중에 **주꾸미**를 가장 좋아한다.

6 **우유갑**은 깨끗하게 씻은 다음 버려야 한다.

7 사람은 네 명인데 **베개**가 하나 모자라.

8 국수를 **곱빼기**로 시켰더니 많이 남았네.

9 다 먹었으면 **설거지**는 바로바로 해라.

10 부엌에서 보글보글 **찌개** 끓는 소리가 난다.

1 우리나라 말은 **존댓말**이 발달한 언어이다.

2 은상이는 **재작년**부터 스케이트를 배웠다.

3 자, 다들 국기 **게양**대 앞에 나란히 서 보세요.

4 상자에 든 땅콩의 **개수**는 총 몇 개입니까?

5 오늘은 함께 **닭개장**을 요리해 봅시다.

6 아침에 일어났더니 눈에 **눈곱**이 잔뜩 끼었다.

7 태형이는 독감에 걸린 뒤 심한 **후유증**을 앓았다.

8 지아가 모래 한 **움큼**을 손에 꼭 쥐고 있었다.

9 각자 맡은 바 **역할**에 충실해 주시길 바랍니다.

10 동산 위로 **해님**이 밝게 떠올랐습니다.

1 나무가 (**뿌리째** / 뿌리채) 뽑혔어.

2 (**뒤뜰** / 뒷뜰)에서 좀 쉴까?

3 (**구레나룻** / 구렛나루) 기르는 중이야.

4 네 (**뒤치다꺼리** / 뒤치닥거리)도 지겨워.

5 우리 정말 (**오랜만** / 오랫만)이다!

6 아주 (개거품 / **게거품**)을 물더라.

7 나 지금 (**빈털터리** / 빈털털이)야.

8 열심히 노력한 (**대가** / 댓가)야.

9 (**재떨이** / 재털이) 필요하신가요?

10 (순대국 / **순댓국**) 먹으러 가자.

1 생일 (**케이크** / 케익) 사러 가자.

2 (초콜렛 / **초콜릿**)이 사르르 녹아.

3 오렌지 (**주스** / 쥬스) 마실래?

4 이게 대체 (왠일 / **웬일**)이야?

5 오늘 반찬은 (소세지 / **소시지**)야.

6 이 (**돈가스** / 돈까스) 정말 맛있다.

7 식당은 (**위층** / 윗층)에 있어.

8 내 (메세지 / **메시지**) 못 봤어?

9 난 땅콩 (알러지 / **알레르기**)가 있어.

10 그 (악세사리 / **액세서리**) 정말 예쁘다.

1 나는 육개장보다 **순댓국**이 더 좋더라.

2 그 사람은 돈을 다 잃고 **빈털터리**가 되었어.

3 사촌을 **오랜만**에 만났더니 어색한 느낌이 들었어.

4 목표를 이루고자 할 때에는 **대가**가 따르는 법이다.

5 콧수염에 **구레나룻**까지 하얗게 세었다.

6 잘못된 일은 **뿌리째** 뽑아 버려야 한다.

7 어제 윗집 아저씨가 **게거품**을 물고 화내지 뭐야.

8 그 부부는 아이의 **뒤치다꺼리**를 하느라 바빴다.

9 **뒤뜰**에 풀어 놓은 닭들이 모이를 쪼아 먹고 있다.

10 **재떨이**에 담배꽁초가 가득 차 있네.

1 요한이네 식당 **위층**에 새 커피숍이 생겼다.

2 안에 치즈가 잔뜩 든 **돈가스**가 먹고 싶어.

3 나는 유제품 **알레르기**가 무척 심해서 조심해야 해.

4 부지런한 한결이가 **웬일**로 지각을 다 했네.

5 제공되는 음료로는 콜라와 사과**주스**가 있습니다.

6 이 가게에서는 옷과 신발, **액세서리**를 취급한다.

7 생크림케이크 만드는 법을 알려 줄래?

8 냉장고에 비엔나**소시지**가 있으니 구워 먹으렴.

9 날이 더워서 **초콜릿**이 다 녹아 버렸어.

10 나는 새해를 맞아 친구들에게 신년 **메시지**를 보냈다.

121쪽

1 김치 ((담가) 담궈) 본 적 있어?

2 자꾸 (닥달하지 (닦달하지)) 좀 마.

3 어두운데 불 좀 (켤까 (킬까))?

4 문 (잠구는 (잠그는)) 거 잊지 마.

5 이 문제 ((알아맞춰) 알아맞혀) 볼래?

6 남의 거 ((건드리지) 건들이지) 마.

7 과자가 다 ((부서졌어) 부숴졌어).

8 말을 ((삼가는) 삼가하는) 게 좋겠어.

9 왜 이렇게 ((구시렁대) 궁시렁대).

10 책상은 벽에 (밀어부쳐라 (밀어붙여라)).

122쪽

1 너무 네 주장만 **밀어붙이지** 마.

2 앞으로 3일 동안은 격한 운동을 **삼가** 주세요.

3 시냇물에 발을 **담그고** 있으니 무척 시원하네.

4 소미는 잊지 않고 꼭꼭 현관문을 걸어 **잠갔다**.

5 도현이는 어려운 수학 문제도 척척 **알아맞힌다**.

6 방에 향초를 **켜고** 있으면 향긋하고 기분이 좋아.

7 그는 할 일은 하지 않고 **구시렁대기만** 한다.

8 **건드리기만** 해도 부러질 것처럼 보여.

9 의자가 **부서지는** 바람에 크게 다칠 뻔했어.

10 더 빨리 올 수 없냐고 **닦달해** 봐.

143쪽

1 어제 시험을 ((치렀어) 치뤘어).

2 밥 먹으니까 (졸리다 (졸립다)).

3 그것 참 (희안한 (희한한)) 일이다.

4 벌써 마음이 ((설레네) 설레이네).

5 위험을 ((무릅쓰고) 무릎쓰고) 나섰어.

6 급하게 ((들이켜지) 들이키지) 마.

7 얼굴이 ((핼쑥해졌어) 핼쓱해졌어).

8 그는 (내노라하는 (내로라하는)) 가수야.

9 삐딱하게 (받아드리지 (받아들이지)) 마.

10 다들 완전히 (널부러졌네 (널브러졌네)).

144쪽

1 요즘엔 자꾸 주변에 **희한한** 일이 많았어.

2 마음고생을 심하게 하더니 얼굴이 **핼쑥해졌구나**.

3 찬물을 한 잔 **들이켜고** 나니 이제 좀 살 것 같다.

4 우리 팀은 훌륭한 경기력으로 대회를 **치렀다**.

5 패배를 **받아들일** 줄 아는 태도는 무척 중요해.

6 옷가지며 물건들이 어지럽게 **널브러져** 있었다.

7 유찬이의 표정에는 **설렘**이 가득했어.

8 그 부부는 주변의 반대를 **무릅쓰고** 결혼식을 올렸다.

9 아직까지는 그렇게 **졸리지** 않아.

10 **내로라하는** 선수들이 득점왕 경쟁을 펼치고 있다.

165쪽

1 ((왠만한) 웬만한) 사람은 다 알아.

2 너 ((엉큼한) 응큼한) 구석이 있구나?

3 와! 정말 (어의없다 (어이없다)).

4 점심은 (단촐하게 (단출하게)) 먹자.

5 (어줍잖게 (어쭙잖게)) 끼어들지 마.

6 ((엔간하면) 엥간하면) 말을 안 해.

7 (멋적어서 (멋쩍어서)) 가만히 있었어.

8 (느즈막하게 (느지막하게)) 일어났지 뭐.

9 찌개가 조금 (짭잘한데 (짭짤한데)).

10 머리가 ((부스스해졌네) 부시시해졌네).

166쪽

1 남의 일에 **어쭙잖게** 참견해선 안 된다.

2 **어이없지만** 이제 와서 어쩔 수 없지.

3 찬희는 늦잠을 자고 일어나 **느지막한** 아침을 먹었다.

4 안 그래 보이는데 속이 아주 **엉큼하구나?**

5 서윤이가 **엔간히도** 화가 났던 모양이야.

6 아버지께서 된장국을 **짭짤하게** 끓여 주셨다.

7 강아지 털이 **부스스한** 게 좀 빗겨 주어야겠어.

8 **웬만하면** 오늘은 그냥 푹 쉬는 것이 어떠니?

9 그는 무척 쑥스러워하며 **멋쩍게** 웃었다.

10 **단출한** 살림에 너무 많이 준비할 거 없어.

187쪽

1 음식이 (금새 (금세)) 나왔네.

2 저 사람 ((왠지) 웬지) 수상한데.

3 ((온종일) 왼종일) 비가 내렸어.

4 (구지 (굳이)) 사양 말고 먹어.

5 ((일일이) 일일히) 확인할 게 많아.

6 더 ((깊숙이) 깊숙히) 들어가 볼까?

7 (어짜피 (어차피)) 우리가 이겨!

8 (꼼꼼이 (꼼꼼히)) 따져 봐야 해.

9 ((일부러) 일부로) 그런 건 아니야.

10 바닥은 ((깨끗이) 깨끗히) 닦자.

188쪽

1 오늘은 **왠지** 좋은 일이 생길 것 같은 기분이 들어.

2 **어차피** 우승은 우리 팀이 차지할 거야.

3 그렇게 **일일이** 다 설명해 주지 않아도 돼.

4 아침부터 **깨끗이** 갠 하늘을 보니 기분이 좋다.

5 경찰은 그 사건에 **깊숙이** 관여된 용의자를 찾아냈다.

6 **꼼꼼히** 읽어 보고 틀린 것이 없는지 확인해 봐.

7 그건 **굳이** 하지 않아도 되는 말이었어.

8 형은 그 많은 음식을 **금세** 다 먹어 치웠다.

9 주호는 **온종일** 침대에서 빈둥대며 놀기만 했다.

10 나는 **일부러** 더 큰 소리를 내며 말했다.